DANIELA STICH
Seepferdchen Ahoi!
Wie ich zur Schützerin des Meeres wurde

Weitere Titel der Autorin:

Oktopus Ahoi!
Wie ich zur Retterin der Meerestiere wurde

DANIELA ⚓ STICH

Seepferdchen AHOI!

WIE ICH ZUR SCHÜTZERIN DES MEERES WURDE

Mit Illustrationen von
Laura Rosendorfer

Noch mehr tolle Bücher, viele Videos und Ideen zum Basteln, Rätseln, Backen, Zeichnen und Spielen gibt's hier: baumhausbande.com.

Die Bastei Lübbe AG verfolgt eine nachhaltige Buchproduktion. Wir verwenden Papiere aus nachhaltiger Forstwirtschaft und verzichten darauf, Bücher einzeln in Folie zu verpacken. Wir stellen unsere Bücher in Deutschland und Europa (EU) her und arbeiten mit den Druckereien kontinuierlich an einer positiven Ökobilanz.

NACHHALTIG PRODUZIERT

Vollständige Neuausgabe der 2023 bei
Bastei Lübbe erschienen Originalausgabe

Copyright © 2023 by
Bastei Lübbe AG, Schanzenstraße 6–20, 51063 Köln
Titel der Originalausgabe:
Das erbarmungslos ehrliche Tagebuch der Rebella Rosin

Dieses Werk wurde vermittelt durch die
Agentur Brauer (Agentin: Ulrike Schuldes).

Vervielfältigungen dieses Werkes für das
Text- und Data-Mining bleiben vorbehalten.

Textredaktion: Kerstin Ostendorf
Umschlaggestaltung: Elke Günzel
Umschlagmotiv: Laura Rosendorfer
Satz: two-up, Düsseldorf
Gesetzt aus der Dolly Pro
Druck und Verarbeitung: GGP Media GmbH, Pößneck

Printed in Germany
ISBN 978-3-8339-0889-7

1   3   5   4   2

Für Lennard Maximilian Weiss

S·A·M·S·T·A·G, den 29. Juli

17:50 Uhr

Und wenn es das Letzte ist, was ich tue. Aber dieses Tagebuch muss ich einfach schreiben.

Was ich hier erzähle, braucht **nicht** unter uns zu bleiben. Von mir aus soll die **ganze Welt** erfahren, dass mir meine Eltern die Sommerferien versaut haben. Zack ... einfach so. Weil sie angeblich wissen, was gut für mich ist. Dabei ist es doch sonnenklar, dass Kinder selbst viel besser wissen, was das Beste für sie ist.

Wahnsinn, wie oft diese blöde Bleistiftspitze abbricht!

Warum hat eigentlich noch niemand ein Papiertagebuch zum Tippen erfunden? Ich bin so sauer, dass ich gar nicht schnell genug schreiben kann, um diese Ungerechtigkeit zu Papier zu bringen. Aber ich muss es tun, denn sonst hört mir ja kein Mensch zu!

Normalerweise treffen wir Entscheidungen über mich

gemeinsam. Meine Eltern machen Vorschläge, und ich diskutiere mit ihnen, unter welchen Bedingungen ich sie annehmen **könnte.** Doch seit vorgestern streiten wir nonstop. **SIE** haben entschieden, dass ich die Sommerferien bei meiner Oma ☹ an der **kanalaK** (**k**alte, **n**asse, **l**angweilige **K**üste) verbringen soll. Was für eine Zeitverschwendung! Und alles nur, weil sie Ärzte ohne Grenzen sind und morgen zu einem Einsatz nach Somalia fliegen. Aber Leute! Das ist doch noch lange kein Grund, **MICH** ins Exil zu schicken.

Warum kann ich nicht einfach allein zu Hause bleiben? Hier habe ich alles, was ich brauche: Gummibärchen, Cola und das Wichtigste: einen **Computer.** ☺ Genau. Ich will einfach nur Computer spielen. Und zwar so lange, bis ich mich bei meinem Lieblingsspiel *Schatz der Sterne* auf den **ERSTEN PLATZ** katapultiert habe. Aktuell bin ich auf Platz **3 von 1134** Spielern. Das muss man sich mal geben. Ich bin so verdammt nah dran, etwas **GROSSartiges** aus meinem Leben zu machen. Die gesamte Spielergemeinschaft wird mit mir befreundet sein wollen, wenn ich auf dem ersten Platz bin.

»Ihr könnt mich nicht zwingen!«, habe ich gerade hier aus meinem Zimmer rüber in die Küche gerufen.

»Und ob!«, hat Paps direkt zurückgerufen.

Ich kann mir nur zu gut vorstellen, wie sein Gesicht dabei aussieht. Immer, wenn ich **NEIN!** sage, tun meine

Eltern so, als müssten sie eine dicke schwarze Nackt-
schnecke runterschlucken, ohne zu kauen. Vorhin war
das auch wieder so. Paps' Zeigefinger sauste
so schnell hoch und runter, dass er beinahe
abgefallen wäre. Wenigstens Mama hätte
netter schimpfen können. Zwei
Erwachsene gegen ein
Kind. Das ist
unfair!

18:22 Uhr

Vor Wut habe ich gerade das Handy aufs Bett geschmis-
sen. Und was macht das blöde Ding? Es kommt mit der
Ecke auf und springt gegen das Kopfteil. Display ka-
putt. Die Risse sind wie Finger, die die Sicht versperren.
Es ist zum AUSFLIPPEN!!!!

Wenn ich aufs Handy schaue, fühle ich mich von meinem einzigen Verbündeten im Stich gelassen.

Nebenan höre ich meine Eltern jetzt streiten. »Rebella
ist dies ...«, »Rebella hat das ...«. Mir reichts! Erstens
finde ich es unhöflich, dass sie hinter meinem Rücken
über mich reden, und zweitens kann ich ohne funktio-
nierendes Handy nirgendwohin. Das leuchtet doch nun
jedem ein, oder? Ich gehe noch mal rüber.

19:44 Uhr

Grrrr. Die Einsicht meiner Eltern ist gleich **0**. Es ist nichts zu machen. Ich habe alles versucht: geschimpft, gebettelt, geweint. Sie lassen sich durch nichts erweichen. Morgen muss ich ohne Handy **in die Pampa** zu einer Oma, die ich kaum kenne, um ihr im Garten zu helfen. (Ich könnte **heulen!**) Das einzige Hightech-Gerät, das mich begleiten wird, ist meine alte Armbanduhr. Damit fühle ich mich nicht angemessen ausgestattet, um die nächsten Wochen zu überleben. Das werden die schrecklichsten Ferien meines **Lebens**.

20:04 Uhr

Aber eins lasse ich mir **nicht** nehmen – und das <u>muss</u> ich jetzt doch noch loswerden: Ich schreibe **hier** rein, wie schlimm alles ist. Schwarz auf weiß kann dann **jeder** nachlesen, was passiert, wenn Eltern »nur das Beste« für einen wollen. Vielleicht kann dieses Tagebuch die Welt zu einem gerechteren Ort machen. Irgendjemand muss ja mal damit anfangen.

Sonntag, den 30. JULI

8:42 Uhr

Der Hauptbahnhof in München **stinkt** höllisch nach Klo.

Am Bahnsteig 4 sitze ich auf einer Bank, weil ...
- Paps sich einen Döner holt und
- Mama den Schaffner für den Zug nach kanalaK sucht.

DÖNER macht SCHÖNER

9:14 Uhr

Hier am Bahnsteig wimmelt es nur so von fremden Menschen. Seit ich denken kann, schärfen mir meine Eltern ein: »Geh niemals mit einem Fremden mit! **Niemals!**«

Heute ist alles anders. Mama höchstpersönlich schleppt den Fremden an. Herr Glubsch...blabla... kotzki, der Schaffner, steht vor mir. Wartet mal kurz, ich soll ihm die Hand geben – weil das höflich ist, bla, bla, bla ... schreibe gleich weiter.

So, Händeschütteln erledigt.

Wie auch immer er heißt ...

Seinen Namen kann ich mir **eh**
nicht merken. Die buschigen Augenbrauen über dem strengen Blick erinnern mich an ein **Koboldgesicht** und verraten mir, dass er eigentlich nett ist. Vor dem habe ich keine Angst. Ich gebe ihm heimlich einen Spitznamen: **die Pfeife**. Das muss aber unter uns bleiben.

10:16 Uhr

Ich bin schon eine Weile im Zug. Fensterplatz. München liegt inzwischen hinter uns, und die grüne Landschaft rast im Affenzahn an mir vorbei. Im Großraumwaggon sitzen zwar viele fremde Leute, aber ich habe immer noch keine Angst. So schnell macht mir keiner Angst – eher umgekehrt. Vorhin, als die Pfeife und ich uns die Hand gegeben haben, habe ich zugedrückt wie ein Stier. So hat er gleich gemerkt, wen er vor sich hat. Jahaha, ich bin das Kind, das ohne Begleitung reist, und ich werde mir nichts gefallen lassen.

Mama hat vor dem Abschied noch mit einem Zettel gewedelt:

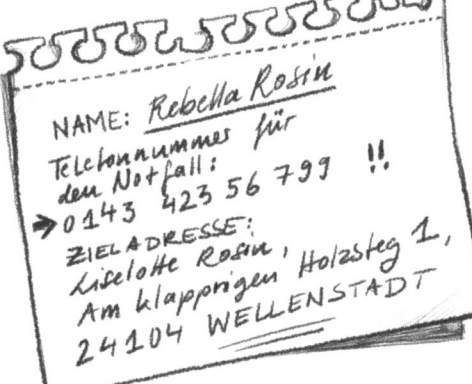

NAME: *Rebella Rosin*

Telefonnummer für
den Notfall:
➤0143 423 56 799 !!

ZIELADRESSE:
*Liselotte Rosin, Holzsteg 1,
Am klapprigen*
24104 WELLENSTADT

Sie hat dann so getan, als wollte sie mir den Zettel ans Ohr hängen.

Ich: »Was bin ich? Ein Gepäckstück?«

Mama: »Jetzt stell dich nicht so an. Ist doch bloß Spaß. Lach doch mal.«

Ich: »Vielleicht später an der kanalaK, wenn ein Witz vorbeischwimmt.« Mama hat die Augen verdreht, weil sie es nicht abkann, wenn ich motzig bin. Aber was kann ich dafür, wenn mir das alles gegen den Strich geht?

Die Pfeife hat Mamas Zettel in seine weinrote Westentasche gesteckt und verkündet: »Auf geht's! Wir müssen los.«

Mama hat mich von hinten angeschoben. »Geh mit ihm mit, Rebella.«

Spontan habe ich erst einmal das gemacht, was mir meine Eltern beigebracht haben. Ich habe heftig mit dem Kopf geschüttelt und laut »Nein!« gerufen.

Mama schaute mich meeeega streng an. Ihr Blick sagte: Mach jetzt keine Mätzchen, Rebella.

Ich: »Hallo? Ist das etwa **kein** Fremder?«

Mama hat meinen Einwand einfach ignoriert und mich zum Abschied gedrückt – viel zu doll, ich hab kaum Luft gekriegt. Paps war cooler. Er hat mich nur auf den Scheitel geküsst. Zum Glück hatte er da seinen Döner schon auf. *BOAH!* Der hat vielleicht nach Zwiebeln gestunken, kann ich euch sagen. Ein Döner zum Frühstück – geht's eigentlich noch?

Der Schaffner wollte mir in den Waggon helfen.

»**Äh**, lassen Sie mal gut sein, ich bin schon **zehneinhalb**.«

Als ich drin war, hat er die Kelle gehoben. Sofort hat der Zug nach seiner Pfeife getanzt. Pfff ... Also das werde **ich** ganz bestimmt **nicht** tun.

13:18 Uhr

Wie ich die Zugfahrt nach kanalaK ohne Handy überstehen soll, hat mir keiner gesagt. Sieben Stunden reine **Hölle-Hölle-Hölle.** Andauernd schleicht dieser Schaffner an mir vorbei. Einmal hat er sich neben mich gesetzt und gefragt: »Na, wie geht's dir?«

Boah, falsche Frage, die meine Laune zum Brodeln gebracht hat wie in einem Vulkan. Ohne Vorwarnung

14

sprudelte plötz-
lich die ganze **Frust**lava aus
mir heraus. Dabei habe ich alle
Un-Wörter benutzt, die mir eingefal-
len sind: »**U**nglaublich **u**nmöglich, **u**n-
sagbar **u**ngerecht, **u**nfassbar **u**nheimlich.«

Und was macht er? Er drückt mir ins Ohr, wie toll die
kanalaK ist und dass **jeder** dort Urlaub machen will.

»Bin ich etwa jeder, oder was?«, habe ich ihn gefragt.
Erst als ich mich mit verschränkten Armen an die Rü-
ckenlehne geworfen habe, ist er aufgestanden, um zu
gehen (Rundgang Nr. 185).

»Du wirst dort viel Spaß haben«, behauptete er in
vollem Ernst.

Ehe er weiterquatschen konnte, hat mein **Zeigefinger** schon **gegen** meine **Schläfe** getippt. Huch! Ich
bin selbst erschrocken darüber, wie frech er ist.

»'schuldigung«, habe ich genuschelt.

14:48 Uhr

Gähn!

Sobald ich nur an diese **blöde** Gartenarbeit denke, wird mir schon schlecht. Ich verstehe nicht, warum Oma sie nicht **selbst** macht. Auf ihrer Farm in Sansibar konnte sie das doch auch. Seit einem Dreivierteljahr ist sie zurück in Deutschland. So schnell kann sie das doch nicht alles verlernt haben.

Eigentlich kenne ich Oma nur von Fotos. Das letzte Mal, dass ich sie in echt gesehen habe, ist schon lange her. Da war ich noch ziemlich klein, ich erinnere mich nur an bunte Bänder in ihren Haaren.

Gäääähn!

Sansibar ... Wo war das noch mal? Afrika, glaube ich ...

16:22 Uhr

Gleich sind wir da. Die Pfeife hat mich gerade gerüttelt, bis ich wach war. Am Fenster rauscht das Schild *Wellenstadt* vorbei. Ich muss aussteigen.

17:06 Uhr

Oma hat lange graue Haare und ein grünes Tuch um den Kopf gebunden. **Cool!** Wir sitzen im Taxi, das uns zum klapprigen Holzsteg bringen soll. Ganz anders als die Taxis in München fährt das hier im Schlurf-Schlurf-Schneckentempo. So langsam, dass ich beides kann: Oma von der Seite beobachten, wie sie mit dem Fahrer redet, und in mein Tagebuch schreiben. So kann ich euch in Ruhe erzählen, wie unsere erste Begegnung abgelaufen ist. Also: Am Bahnhof haben wir uns mit Handschlag begrüßt, aufrecht wie Kriegerinnen. Oma wollte, dass ich Lilo zu ihr sage. Aber ich habe darauf bestanden, sie Oma zu nennen.

Das passte ihr gar nicht.

»Willkommen im Club, Oma! Mir passt auch so **einiges** nicht«, habe ich ihr dann gesagt. »Und am wenigsten passt es mir, hier zu sein. Du kannst also davon ausgehen, dass ich mit deinen kanalaK-Sachen absolut **nichts am Hut** haben werde.«

Fair, oder? So weiß sie gleich, woran sie ist.

MONTAG, DEN 31. JULI

8:18 Uhr

Wo bin ich hier bloß gelandet? Nie hätte ich gedacht, dass ich mal froh bin, überhaupt wieder aufzuwachen. Die ganze Nacht lang hat's wie verrückt geschaukelt und geknarrt. Weil ich auf einem **alten Fischkutter** wohnen muss, der **Yachtwurst** heißt. Das kleine, runde Fenster heißt Bullauge, hat Oma mir erklärt. Wenn ich da rausgucke, sehe ich nur Wasser. (Kein Garten weit und breit, hurra!)

Oma ist ziemlich speziell, aber nicht unbedingt uncool. Sie trägt **Fischlederschuhe** (selbst gemacht?) und hat sich eine **Muschel** ins Haar geflochten. Bunte Bänder hat sie keine mehr darin.

Yachtwurst

BULLAUGE

Gerade hat sie zum Frühstück gerufen. Ein bisschen Hunger hätte ich schon. Ich gehe mal gucken, was es gibt. (Nach Eiern und Schinken riecht es jedenfalls nicht.)

8:32 Uhr

Oma hat mich zurück in die Kajüte (Kajüte = Zimmer auf dem Schiff) geschickt. Ich soll den Badeanzug anziehen. Für das Frühstück müssen wir was **aus dem Meer** holen. Lieber Gott, bitte mach, dass ich nachher keinen rohen Fisch oder so was essen muss. Ein einfaches Knuspermüsli in kalter Milch kann doch nicht zu viel verlangt sein. Ist ja nicht so, dass ich auf Schokosplitter bestehen würde. (Aber wenn sie drin wären ... würde ich nicht nein sagen!)

9:04 Uhr

Schwimmen geht ja noch. Aber Schnorcheln ist lebensgefährlich. Das Gesicht freiwillig unter Wasser zu drücken ist gegen die Natur des Menschen. **Atmen** ist wichtig.

Nicht für Oma. Andauernd ist sie im Meer untergetaucht, um

19

Pfefferalge

dunkelrotes Gestrüpp hochzuholen: Pfefferalgen nennt sie es. Sie wollte mir das Schnorcheln zeigen. Aber ich bin für ein Leben an Land gemacht. Ich fürchte, wir werden nicht miteinander auskommen.

10:37 Uhr

Okay, Leute, Neuigkeiten von der Frühstücksfront. Wir haben Rühreier mit kleingehackten Pfefferalgen direkt aus der schwarzen Eisenpfanne gegessen. Und wisst ihr was? Pfefferalgen schmecken gar nicht so doll nach Pfeffer. Schon ein bisschen scharf, aber vor allem würzig. Trotzdem **nicht mein Ding**! Ich habe versucht, nur die Rühreibrocken ohne Algen aufzugabeln. Aber Oma war schneller und hat mir die großen weggeschnappt, weil sie **mit der Hand** futtert. Das ist sie noch so aus Sansibar gewohnt. Ich finde das mega cool. Pfff … **Was die kann, kann ich auch**. Also habe ich die Gabel beiseitegelegt. Was soll's! Und Oma war begeistert. Sofort haben wir herumgealbert und gelacht. Die Stimmung war richtig gut. Hättet ihr nicht gedacht, oder? Ich auch nicht. Aber wir haben uns wirklich prima verstanden, und zwar so lange … bis sie die Katze aus dem Sack gelassen hat.

Oma: »Du hast dich sicher schon gefragt, wann du endlich mit der Gartenarbeit anfangen kannst.«

Ich: »Nö, ehrlich gesagt nicht, Oma. Wo kein Garten, da keine Arbeit. Ist voll okay für mich.«

Oma: »Na ja, ganz so einfach ist es nicht. Bloß, weil man ihn nicht auf den ersten Blick sieht, heißt das nicht, dass es keinen gibt.«

Ich: »Sag jetzt nicht, dass du einen geheimen Garten hast.«

Oma: »Falls du damit einen verwunschenen und verwilderten meinst, triffst du den Nagel auf den Kopf.«

Ich starrte sie an. »Und was heißt das jetzt?«

Oma: »Es ist ein Unterwassergarten, Rebella.«

Ich: »Ach, du dickes Ende! Wozu braucht man denn so was?«

Oma: »Um Algen zu ernten wie die, die gerade im Frühstück waren.«

Ich: »Algen? Wer braucht schon Algen? Lass uns die Eier einfach ohne essen.«

Oma schüttelte den Kopf. »Ich fürchte, dass wir uns das nicht so leicht machen können. Denn wir besitzen die einzige Algenfarm weit und breit. Die Menschen kommen jeden Freitag zum Markt, um welche zu kaufen. Die können wir nicht enttäuschen.«

Ich: »Und was soll ICH in diesem Garten machen?«

Oma: »Alles, was man in einem normalen Garten auch

macht, nur, dass du dich nicht um Radieschen und Möhren kümmerst, sondern um Algen: Beete sauber machen, aufpassen, dass die Arten nicht wild durcheinanderwachsen.«

Ich: »Sorry, Oma, aber ich kann nicht tauchen wie du.«

Oma: »Kein Problem, das zeige ich euch.«

Ich: »Euch?«

Oma: »Dir und den anderen Gartenhelfern, die sich noch freiwillig melden werden.«

Pah, dass ich nicht **lache**. Wer meldet sich denn schon **freiwillig** für so was?

HILFE! Wie überlebe ich diese Sommerferien?

Ich will zurück in die moderne Welt. Zurück an meinen Computer und Spaß haben, ohne nass zu werden.

Riementang

MEER SALAT

DIENSTAG, den 1. August

7:25 Uhr

Gestern habe ich mit Oma eine ewige Strandwanderung unternommen, damit ich die Gegend kennenlerne. Eigentlich hatte ich keine Lust – sieht doch eh alles gleich aus hier. Was ich aber spannend fand, war, dass mir Oma von ihrer Algenfarm in Sansibar erzählt hat. Die afrikanischen Frauen binden Algen an Seilen fest. Dort wachsen sie, bis aus den kleinen Algen große Büschel geworden sind. Dann ernten sie sie. Heute will mir Oma unbedingt zeigen, dass die Algen auf unserer Farm nicht an Seilen wachsen wie in Sansibar, sondern auf dem Meeresboden. (So genau möchte ich das eigentlich gar nicht wissen.)

PFEFFER-algen

ZUCKER-TANG

8:10 Uhr

Ich traue ich mich nicht aus der Kajüte. Habe Angst vor der Gartenarbeit. Mensch, in was für einen **Schlamassel** bin ich da nur hineingeraten?

Oma ruft mich. Ich überhöre das lieber mal. Vielleicht geht sie dann ohne mich.

8:16 Uhr

Jetzt klopft sie an meine Tür. Es hilft nichts, ich muss raus. Ich schreibe nachher wieder hier rein, falls ich dann noch lebe.

14:44 Uhr

Heute Morgen kam **Bolle** an Bord. Er hat sich freiwillig für die »Gartenarbeit« gemeldet. (Das wäre mir im Traum nicht eingefallen. Aber gut, mir soll es recht sein.) Bolle ist elf, hat braune Augen und braune lockige Haare. Der Mutigste scheint er nicht zu sein. Zwar ist er größer als ich, aber das Größte an ihm ist seine **Uhr**. Der

Mega-Klopper am Handgelenk ist ein **Pulsmesser**. Andauernd schaut Bolle drauf, ob das kleine **Herz** auf dem Display noch blinkt.

Nach dem Frühstück hat uns Oma ein Bündel aus Maske, Schnorchel und Flossen in die Hand gedrückt. Damit sind wir drei dann zum Strand gegangen.

Dort mussten wir uns **ins Wasser** knien, und Oma hat uns gezeigt, was wir nachmachen sollen:

1. In die Tauchermaske **spucken** und die Spucke mit dem Finger über das Glas verreiben (Voll eklig!), schnell ausspülen. (Soll helfen, damit die Maske innen nicht beschlägt und man gut sehen kann.)

2. Maske aufsetzen (**Ziept** in den Haaren!) und Schnorchel in den Mund stecken.

3. Gesicht auf die Wasseroberfläche legen. (Wow, unter Wasser sieht alles **viel größer** aus. Als ich eine Muschel aufgehoben habe, sah meine Hand riesig aus!)

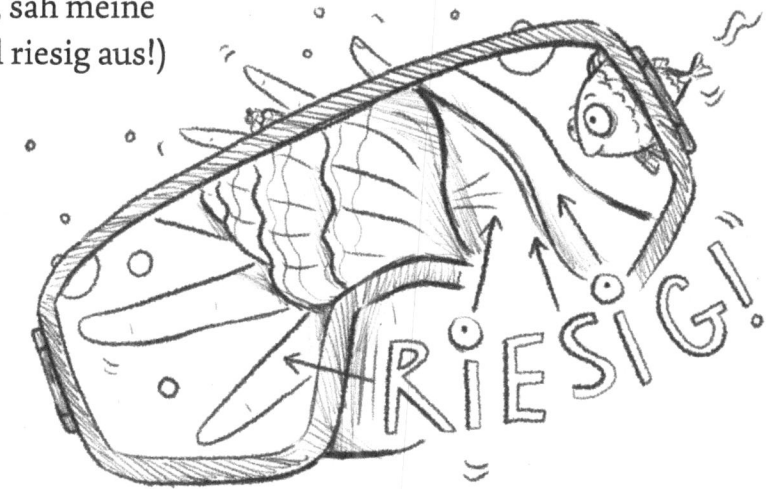

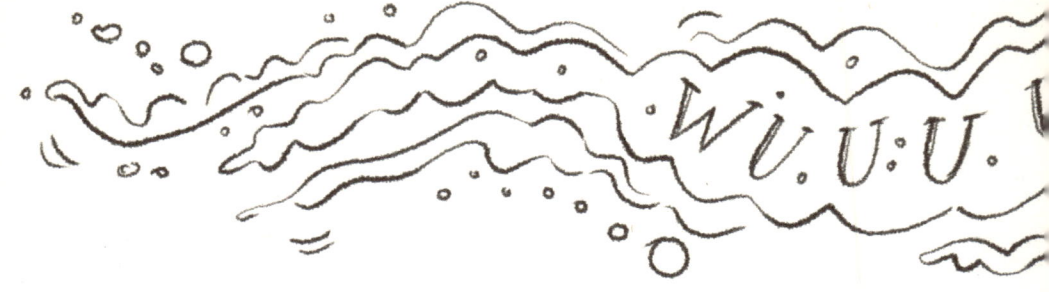

4. Durch den Schnorchel atmen.
   (Kostet etwas Überwindung ...)
5. Aufs Wasser legen und die Flossen bewegen.

Zum Glück war das Wasser am Strand nicht tief. Wenn ich unsicher wurde, habe ich mich hingekniet. Bei mir hat das Schnorcheln halbwegs geklappt. Aber Bolle hat sich echt schwergetan. Weil er **aufgeregt** war, musste er immer wieder nach seinem **Puls** schauen. Als wegen einer Welle Salzwasser in seinen Schnorchel schwappte, bekam er einen Hustenanfall, und sein Puls stieg auf 126. Er wollte aber nicht über **80** kommen. Bolle hat verlangt, dass man ihn zum Arzt bringt, wegen Herzrasen. Oma hat den Gegenvorschlag gemacht, dass er es lieber gleich noch mal mit dem Schnorcheln versuchen sollte, dann würde sich das Herz von ganz allein beruhigen. Aber Bolle stürmte aus dem Wasser und rannte davon. Ich glaube nicht, dass der sich noch mal blicken lässt. Schade eigentlich.

Am Strand hat mir Oma noch Tipps fürs **Mutig-sein** gegeben. Der wichtigste war, dass ich nur das machen muss, was ich mir selbst zutraue. Wenn ich Angst

kriege, kann ich jederzeit ins Flache schnorcheln. Stimmt eigentlich. Also habe ich es ausprobiert. Ein bisschen mulmig war mir schon zumute, als es unter mir dunkelblau und immer tiefer wurde. Aber Oma ist neben mir hergeschnorchelt und hat meine Hand genommen. An Land hätte ich das nicht so cool gefunden, aber im Wasser ist das was anderes. Da muss man zusammenhalten und aufeinander aufpassen.

15:53 Uhr

Zum Abschluss unseres ersten Schnorchel-Unterrichts hat Oma mich gefragt, ob ich mir zutraue, vom Strand zur Yachtwurst zu schnorcheln. Das war krass weit und voll tief! ABER ... etwas hat dafürgesprochen: Wir mussten nicht zurück zum Kutter latschen. Darauf hatte ich nämlich keine Lust, weil man im Wind ziemlich friert, wenn man einen nassen Badeanzug anhat. Und ich habe es **geschafft!** Denn mit Flossen ist das easy. Die schieben einen richtig gut vorwärts. Man braucht nur ein bisschen mit den Füßen zu paddeln. Das hat mir gefallen. Gerade bin ich zum ersten Mal über unsere Algenfarm geschnorchelt. (Ich bin ein klitzekleines bisschen stolz! Na ja, ein bisschen doll!) So ein Algengarten ist schon was ziemlich Besonderes. Nie im Leben hätte ich gedacht, dass er so bunt ist. Außerdem ist da unten alles in Bewegung. Ich habe ganz viele verschiedene Fische gesehen, die sich in den Algen versteckt haben.

Eingehüllt in eine himmelhellblaue Wolldecke sitze ich jetzt zusammen mit Oma in der Kombüse (so nennt man die Küche auf einem Schiff), trinke Tee und schaue mir Omas Fotos von der Algenfarm in Sansibar an. Frauen in bunten Tüchern stehen bis zu den Knien in türkisblauem Wasser neben Seilen, an denen dicke Büschel von dunkelroten Algen wachsen. Ich habe Oma vorhin schon gefragt, warum die Frauen im Wasser stehen, statt zu schnorcheln. Daraufhin meinte sie: »Eine Algenfarm funktioniert dort ganz anders. Die Seile, an denen die Algen wachsen, hängen nur knietief.«

Ich: »Die Frauen haben es gut.«

Oma zuckte mit den Schultern. »Dafür müssen sie sich aber den ganzen Tag bücken.«

Puh, das klingt auch anstrengend. Vielleicht ist mir Schnorcheln doch lieber. Trotzdem: Die Bilder aus Sansibar sind schon interessant. Aber ich muss daran denken, was ich auf unserer Unterwasserfarm noch gesehen habe außer Algen. Das fand ich etwas erschreckend. Sollte ich Oma darauf ansprechen, oder lieber nicht? Klar, sollte ich! Ich schreibe unser Gespräch später auf.

16:02 Uhr

Also, so ist es gelaufen:

Ich: »Auf der Algenfarm in Sansibar sehe ich gar keinen Müll. Das ist ein Riesenunterschied zu unserer. Hier liegt nämlich ganz schön **viel Zeug** herum: ein alter Autoreifen und Netze, die sich am Meeresboden verheddert haben. Von Beeten war irgendwie auch nichts zu sehen. Du hast **einiges schleifen lassen**, liebe Oma.«

Oma: »Ich bin froh, dass dir das nicht entgangen ist, liebe Enkelin. Das muss wirklich dringend in Ordnung gebracht werden. Es wäre gut, wenn du mir dabei hilfst.«

Ich: »Also so kann das nun wirklich nicht bleiben.«

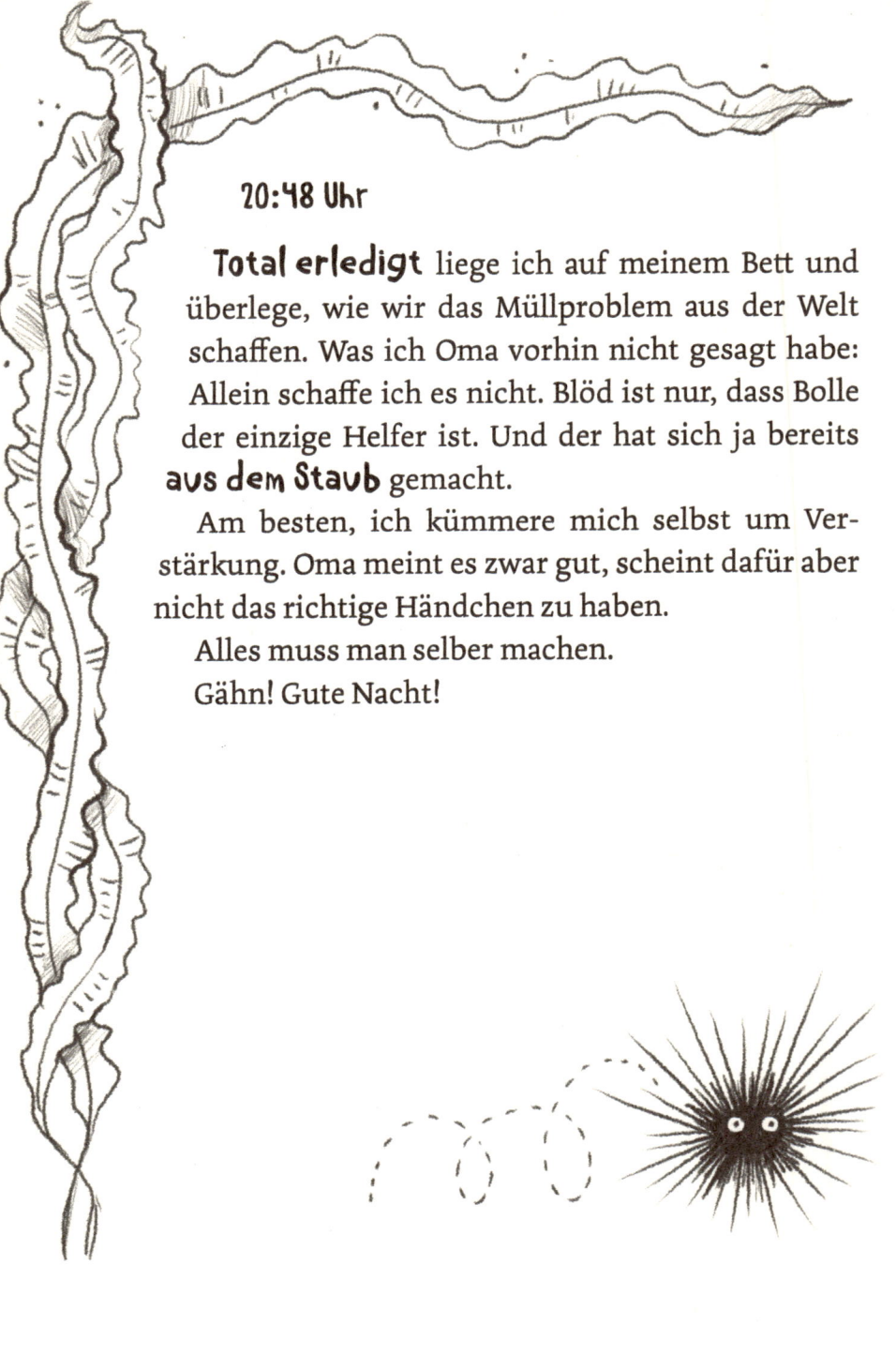

20:48 Uhr

Total erledigt liege ich auf meinem Bett und überlege, wie wir das Müllproblem aus der Welt schaffen. Was ich Oma vorhin nicht gesagt habe: Allein schaffe ich es nicht. Blöd ist nur, dass Bolle der einzige Helfer ist. Und der hat sich ja bereits **aus dem Staub** gemacht.

Am besten, ich kümmere mich selbst um Verstärkung. Oma meint es zwar gut, scheint dafür aber nicht das richtige Händchen zu haben.

Alles muss man selber machen.

Gähn! Gute Nacht!

mittwoch, den 2. AUGUST

12:13 Uhr

Mann, ist das stürmisch! In einer windstillen Ecke an Deck der Yachtwurst schaue ich zum Strand hinüber. Neben mir steht eine Schüssel randvoll mit Quellersalat. **Würg!** Oma hat den Queller heute Morgen am Strand weggezupft wie Unkraut. **Und das soll ich jetzt essen?** Sagt mal ehrlich, würdet ihr?

Aus dem Salat picke ich nur raus, was ich hundertpro erkenne: den Reis. Das ist ziemlich mühsam. Die kurzen grünen, fleischigen Stängel des Quellers lasse ich in der Schüssel liegen.

Zugegeben, eine Portion Kässpatzen mit Röstzwiebeln wären jetzt eher meine Kragen- weite. Das habe ich Oma auch gesagt, und sie meinte, dass man keine Vögel essen darf.

SUPER FIESE QUELLER

Oma, du Witzbold, Kässpatzen sind doch keine Vögel, sondern Käsenudeln!

Drüben am Strand entdecke ich den blonden langhaarigen Jungen, der dort gestern Abend schon mit den Kindern eine Sandburg gebaut hat. Heute lassen sie einen Drachen steigen. Ich gehe mal rüber und frage, ob er Lust auf was **Nützlicheres** hat.

15:26 Uhr

Hai (witziger als hey ☺), ich bin zurück. Die Drachenkinder gehören zusammen. Sie sind Geschwister, und Bas ist der Älteste (schon zwölf!). Also, was ich an Bas auf Anhieb mochte: Ich musste ihn nicht lange überreden.

1. **Klar** macht er mit.
2. **Logisch**, dass er eine Algenfarm super spannend findet.
3. Nee, nicht erst morgen. **Lieber gleich** mal gucken.
4. **Macht nichts**, dass er keine Badehose dabeihat. Er geht trotzdem rein. Die kurze Hose trocknet wieder.

5. **Egal**, dass der Haargummi, den ich ihm leihe, rosa ist. Hauptsache, die langen Haare verheddern sich nicht um die Tauchermaske.

Rasch habe ich zwei Schnorchelausrüstungen von der Yachtwurst geholt. Ohne zu zögern, hat Bas sich ins Wasser gesetzt, Flossen und Maske angezogen, den Schnorchel unter den Riemen der Taucherbrille gesteckt und ist losgeschwommen. Der hat echt vor **gar nichts** Angst.

Im Tiefen, wo man nicht mehr stehen kann, hat er sogar den **Schnorchel aus dem Mund** genommen, um »Wo bleibst du denn?« zu rufen. Der ist schon ziemlich mutig.

Auch Müll hat er hochgeholt: ein Geisternetz und die Fetzen einer hellblauen Plastiktüte. Als Bas getaucht ist, hat er danach **wie ein Wal** das Wasser aus seinem Schnorchel geblasen und ist **seelenruhig** wei-

BAS VAN ALST

tergeschnorchelt. Cool! Unter Wasser hat er mir die Seepocken und Miesmuscheln an den Holzpfosten des klapprigen Holzsteges gezeigt. Seepocken sehen aus wie weiße Kalkkegel. Darin wohnen kleine Krebse.

Danach sind wir auf die Yachtwurst geklettert. Bas findet es mega cool, dass ich auf einem Schiff wohne. Aus der Hosentasche hat er **grüne, braune und rote** Algen rausgezogen. Bis dahin dachte ich, dass Algen eben Algen sind, **alle gleich**, nur mit einer anderen Farbe. Aber so ist es nicht. Jede Alge sieht unterschiedlich aus, wie Menschen auch, hat Oma gesagt. Die roten gefielen Bas besonders. Und irgendwie fand ich das auch.

Eigentlich wollte Bas gleich nach Hause gehen, um sich trockene Klamotten anzuziehen, aber Oma hat für ihn ihre blaue Jogginghose so hochgekrempelt, dass sie ihm gepasst hat. Und ein T-Shirt hat er auch von Oma gekriegt. Bas hat sich das rosafarbene ausgesucht. Um den Hals trägt er ein Lederband mit einem **echten** Haifischzahn dran. Cool, und **Rosa steht ihm**!

Vom Schwimmen und Tauchen hat Bas Hunger bekommen und beim Quellersalat ordentlich zugelangt.

34

(Kann ich **null** nachvollziehen.) Er hat so getan, als wäre es das leckerste Essen der Welt.

Hätte ich vielleicht doch mal kosten sollen?

Und dann ist noch was passiert, womit ich **im Leben** nicht gerechnet hätte!

An der Reling blitzte was auf (eine Reling ist das Geländer um das Deck des Schiffes herum). Was da blitzte, war ein Arm mit Pulsuhr. Bolle war stinksauer auf den Arzt, weil er gesagt hat, dass ein schneller Herzschlag total okay wäre, wenn man Wassersport treibt.

Na, wenn das so ist ... dann noch mal ab zum Strand.

21:02 Uhr

Im Bett schreibt es sich am besten, weil direkt über meinem Kopf eine Leselampe hängt.

Vorhin hat Bas Trockenübungen im Sand gezeigt, die Bolle nachgemacht hat. Als sich Bolle aufs Wasser legen sollte, hatte er **Schiss**

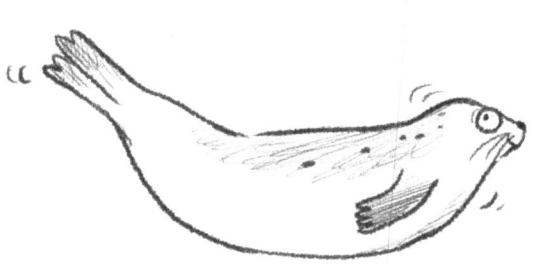

davor, »abzusaufen wie ein Stein, und ihr guckt zu«.

Ich habe ihn dann auf meinen Händen gehalten, damit er keine Angst mehr hat. Sich gegenseitig zu helfen und aufeinander aufzupassen ist echt wichtig im Wasser. Am Ende ist er ein kleines Stück **allein** geschnorchelt. Super! Bas hat vom Strand aus geklatscht, und als Bolle aufgetaucht ist, hat er freudestrahlend verkündet: »Ich hab einen Fisch gesehen.«

Ich glaube, jetzt können wir echte Ferienfreunde werden. Mal sehen, ob er ein Algenfarmer wird wie ich und Bas.

Die beiden Jungs sind **echt** ganz in Ordnung. Aber an Quellersalat & Co. merke ich, dass ich **anders** bin und eigentlich nicht hierhergehöre.

BOLLE - STEIN

DONNERStag, den 3. August

6:15 Uhr

Oma hat ein Geheimnis. *TODSICHER!* Als ich gerade vom Klo kam, habe ich sie erwischt, wie sie sich von draußen hereingeschlichen hat. Ich habe überhaupt nicht mitgekriegt, dass sie weg war.

Ich: »Wo kommst du denn jetzt her?«

Oma: »Ist 'ne lange Geschichte.«

Ich: »Ich brenne darauf, sie zu hören.«

Oma: »Aber nicht jetzt. Ich bin hundemüde und brauche eine Mütze voll Schlaf.«

Was heißt hier: Ist 'ne lange Geschichte? Ich habe schon davon gehört, dass alte Leute gerne ganz frühmorgens aufstehen, um den Sonnenaufgang oder Weiß-der-Geier-was anzuschauen. Und meine Oma könnte zu diesen komischen Leuten gehören. Trotzdem werde ich das Gefühl nicht los, dass da noch was anderes dahintersteckt.

11:09 Uhr

Oma schläft und schläft. Dabei muss ich dringend mit ihr über Bolle sprechen. Ich bin mir nicht sicher, ob er die Arbeit auf der Algenfarm gewuppt kriegt bei all den Wehwehchen, die er so hat.

Heute sind es Blähungen. Boah, ist das krass. Beim Schnorcheln hat er immer wieder den Po aus dem Wasser gehalten, damit es unter Wasser nicht so laut blubbert. Leute, so geht das doch nicht.

11:14 Uhr

Es ist nicht zu fassen. Oma schläft immer noch. Wir (außer Bolle, der sich nicht traut, ganz unterzutauchen) rackern uns auf der Farm ab und holen den ganzen Müll hoch. Und was macht sie? Sie schläft bis in die Puppen. Ich werde das Gefühl nicht los, dass ich mir mehr Gedanken über IHRE Farm mache als sie.

Ich meine, für wen machen wir das alles hier? Doch wohl für sie.

12:51 Uhr

Endlich. Oma ist wach und hackt in der Kombüse Pfefferalgen. Mit Beispielen versuche ich ihr klarzumachen,

warum Bolle für die Arbeit auf der Farm **nicht** geeignet ist. Aber über die Blähungen hat sie nur **gelacht** und gesagt: »Jeder Körper reagiert eben anders auf Meerwasser. Man muss Bolle nehmen, wie er ist.« Ich finde das überhaupt nicht witzig. Aber bitte, wenn sie meint. Ist ja ihr Garten.

Das Lachen ist ihr sofort vergangen, als ich sie noch mal darauf angesprochen habe, wo sie heute Früh hergekommen ist.

»Das erkläre ich dir mal in Ruhe«, sagte sie nur.

Also diese Geheimniskrämerei macht mich ganz kirre. Warum rückt sie nicht einfach mit der Sprache raus?

FREITAG, DEN 4. august

7:06 Uhr

Irgendwie bin ich heute **gar** nicht gut drauf. Wenn ich daran denke, was ich beim Gaming verpasse, könnte ich **kotzen**. Und alles, weil ich auf diesem VERDAMM-TEN Fischkutter festsitze. Das kann doch nicht **wahr** sein, dass es hier nirgends einen Online-Zugang gibt. Wo sind wir hier, auf dem **Mond**?

Jetzt eine kleine Runde spielen ... Nur so, um drin zu bleiben. Das wäre großartig.

10:11 Uhr

Bolle hat ein Smartphone dabei. Gebettelt habe ich zwar nicht, aber ich war nahe dran. Nur mal kurz einloggen und sehen, was sich auf den oberen Plätzen so getan hat. Er hat es für mich entsperrt.

»Bolle, du bist ein echter Freund«, habe ich gesagt und ihm auf die Schulter geklopft.

Daraufhin hat er auf den Boden geguckt und genuschelt: »Geht schon klar, Sprotte.«

»**Sprotte?**«, habe ich gefragt.

Doch er hat nur gegrinst. Ich freue mich, weil ich glaube, dass er es nett gemeint hat. Hätte

REBELLA SPROTTE
{ lat. sprattus rebella }

er mich ärgern wollen, hätte er Rosine gesagt. Bolle ist echt in Ordnung.

Ich habe versucht, die **App** von meinem Lieblings- spiel *Schatz der Sterne* downzuloaden. Aber in meiner Kajüte war **kein Netz**. Vielleicht an Deck. Wir haben es an jeder Ecke und an jeder Stelle versucht. Bolle hat das Handy sogar über die Reling gehalten. Trotzdem hat sich null Komma nix auf der Anzeige getan. Kein Balken, null Lebenszeichen.

»Das Netz in Wellenstadt besteht aus lauter Funk- löchern«, sagte Bolle. »Nur vor der Bäckerei hat man Empfang.«

»Pfff ... Ich kann ja nun nicht jedes Mal zum Bäcker rennen, wenn ich spielen will.«

Das Gaming kann ich hier **voll** vergessen. Ach, menno, ich will einfach nur **heim**.

Apropos Bäcker. Ich glaube, ich habe auch deshalb Heimweh, weil mir **was Richtiges zu essen** fehlt. Ich kann mich einfach nicht an Omas »Meeresküche« gewöhnen. **Statt** Pfeffer und Salz wirft sie überall Algen rein. Und die hackt sie so klein, dass ich sie mitessen muss.

Schlimm ist auch: Andauernd muss ich an Papas **Döner** denken. Wie **lecker** die Joghurtsoße über das Fleisch gelaufen ist. Mensch, **warum** habe ich nicht doch mal abgebissen? Oder ein paar von den **goldgelben** Pommes genascht. Hmmmm ...

Pommes, diese göttlichen Sonnenstrahlen.

»Kommst du mit an den Strand? Ich will mal gucken, ob es dort eine Pommesbude gibt«, habe ich Bolle ins Ohr geflüstert.

»Geht klar, Sprotte. Volle Fahrt voraus.«

Und dann sind wir losgezogen.

15:55 Uhr

Immer, wenn man sich vom Leben **dringend** etwas wünscht, tut es so, als hätte es einen nicht gehört. Keine **Pommesbude** weit und breit. Nach einer halben Stunde hat sich Bolle aus dem Staub gemacht, weil er fand: »So toll sind Pommes nun auch nicht, dass ich den ganzen Nachmittag mit der Suche nach ihnen verplempern will.« Der hat ja **keine** Ahnung.

16:57 Uhr

Auf dem Rückweg zur Yachtwurst habe ich dann **Chandrani** getroffen. Sie ist neun und stammt aus Indien. Lustig war, wie die zwei schwarzen **Knotenzöpfe** auf dem Kopf wippten, als sie durch den Sand stapfte. Sie trug eine **Kette** aus bunten Holzperlen und ist so klein, dass ich sie fast übersehen hätte. Aber Chandrani hatte etwas dabei, das mir das Leben gerettet hat: eine Papiertüte randvoll mit **Käsewürfeln**.

Sie hat mir einen Zettel gezeigt, den sie vom schwarzen Brett am Fischmarkt abgerissen hat.

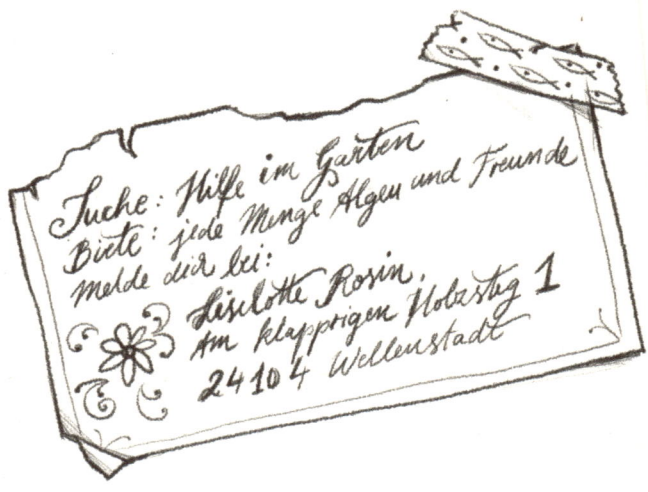

Suche: Hilfe im Garten
Biete: jede Menge Algen und Freunde
melde dich bei:
Liselotte Rosin,
Am klapprigen Holzsteg 1
24104 Wellenstadt

Aha, diesen Zettel hatte **eindeutig** Oma geschrieben (die schnörkelt das S immer so), und genau zu der wollte Chandrani. Ich habe ihr angeboten, sie zu Oma zu bringen, wenn sie mir ein paar Käsewürfel abgibt.

Nach ein paar Schritten hat sie mir dann die **ganze** Tüte überlassen, weil ich wohl ziemlich häufig zugegriffen habe. Chandrani ist schwer in Ordnung.

Sie weiß wirklich **alles** über Käse. Sie hat jeden einzelnen **Würfel** beim Namen genannt: Gouda, Tilsiter, Määhdamer-Ziegenkäse ... In Indien heißt der Käse Paneer, ein Frischkäse, der besonders gut schmeckt, wenn er in Curry-Soße schwimmt. Hmmm ... Soße ist super.

Ratzfatz hatte ich alle Käsewürfel verdrückt. Chandrani wollte die leere Papiertüte zurückhaben, damit sie sie auffüllen kann. Aber **gerne** doch! Ihre Eltern haben einen **Käseladen** in Wellenstadt. Ich habe sie gefragt, ob ich sie **Cheesy** nennen darf, was sie super passend fand. Sie wollte schon immer einen Spitznamen haben und freute sich sehr darüber.

17:18 Uhr

Auf der Yachtwurst: Oma und Cheesy haben sich auf **Anhieb** verstanden. Cheesy darf auf der Algenfarm helfen. (*Freu mich!* Sie ist total nett, und ab und zu einen Käsewürfel gebracht zu kriegen, ist auch nicht das Schlechteste.) Cheesy wollte genau wissen, was Oma mit den Algen vorhatte, die im

Spülbecken lagen. Es hat nicht lange gedauert, und die beiden haben auf Holzbrettern herumgehackt. Na ja, und **blöd danebenstehen** musste ich ja nun wirklich nicht.

Darum liege ich jetzt hier in der **Hängematte** auf dem Achterdeck. Durch das

45

offene Kombüsenfenster höre ich sie lachen und Algen hacken fürs Abendessen. Gähn! Ich lege einen Arm hinter den Kopf und stoße mich mit dem Bein ab. Über mir kreisen Möwen im blauen Sommerhimmel. Hackt ihr mal schön ... Ich schaukele hin und her und hin und ... Gähn!

S❋A❋M❋S❋T❋A❋G, DEN 5. AUGUST

5:03 Uhr

Es ist **höllisch** früh, und ich kann nicht mehr einschlafen, weil mein Magen knurrt. Er ruft nach Essen, das er kennt: Cornflakes in kalter Milch, **Nutella** auf Banane oder **Toast Hawaii** mit viel Ananas. Ich fühle mich dermaßen ausgehungert, dass ich sogar bereit bin, **selbst** einzukaufen. Muss ich sonst nicht. Zu Hause sorgt Mama nämlich dafür, dass ich alles habe, **was mir schmeckt.** Von ihr könnte sich Oma ruhig mal eine Scheibe abschneiden.

Sobald sie aufwacht, werde ich *TACHELES* mit ihr reden. Ob ihr das nun gefällt oder nicht. Ich erwarte ja nicht denselben Service wie zu Hause, aber so kann es mit dem Speiseplan **nicht** weitergehen.

5:24 Uhr

Oma schläft noch. Wenn sie aufs Klo geht, fange ich sie ab. Ich brauche Geld für den Bäcker.

5:46 Uhr

Meine Güte, die schläft wie ein **Murmeltier**. Kein Wunder, sie hat zum Abendessen ordentlich reingehauen. Mit vollem Bauch schläft es sich super.

6:14 Uhr

Soll ich von meinem Recht als Enkelin Gebrauch machen und sie **rütteln**, bis sie wach ist? Aber was ist, wenn sie sauer wird und kein Brötchengeld rausrückt? Zu hohes Risiko.

6:21 Uhr

Wovon ist Oma bloß so müde? Vom Algenhacken?

6:27 Uhr

So ... jetzt reicht's. Ich gehe rüber. Jeder Geduldsfaden reißt einmal. Wenn **ich** nicht schlafen kann, braucht **sie** es auch nicht.

7:03 Uhr

Das ging **leichter** als gedacht. Was super war: Oma hat nicht lange mit mir herumdiskutiert.

Ich: »Wir müssen reden, Oma.«

Zwischen den vielen **Kissen** und unter den langen, **verwuschelten** Haaren konnte ich gar nicht sehen, ob sie die Augen aufhatte. Aber dann hat sie gesprochen: »Hä, reden? Etwa jetzt? Hat das nicht Zeit bis später?«

Ich: »Nee, weil ich gleich vor Hunger sterbe.«

Oma: »Dann iss was.«

Ich: »Es ist nichts da.«

Oma: »Der Kühlschrank ist voll.«

Ich: »Aber nicht mit Semmeln.«

Oma: »Dann musst du dir welche holen.«

Wie von der **Tarantel** gestochen ist sie aus dem Bett gesprungen. In der Kombüse hat sie mir **Geldbeutel** und Einkaufsnetz in die Hand gedrückt. **Na also, geht doch.**

9:38 Uhr

So ... Ich bin endlich da und sitze auf der Bank vor der Bäckerei. Wow, ist das weit gewesen. Total blöd. Erst mal habe ich mich tierisch aufgeregt, weil Wellenstadt **viel** näher aussieht, als es ist. Im Taxi kam mir das gar nicht so weit vor, obwohl wir so langsam gefahren sind. Man läuft und läuft und denkt, so krass weit kann es doch nicht sein. Ist es aber. Es hat **ewig** gedauert, bis mir endlich der warme Geruch von **Brot** und **Zuckerguss** in die Nase gestiegen ist. Ich hätte den ganzen Laden leer kaufen können.

Genommen habe ich **Rosinenschnecken** (hmmm ... eine esse ich gerade), Quarktaschen und Brötchen.

Das Kleingeld hat zum Bezahlen nicht gereicht. Ich musste den Zehner-Schein nehmen. Zwischen den Geldscheinen habe ich dann eine Zugangskarte zu einem **Meerestierkrankenhaus** entdeckt, die auf Omas Namen ausgestellt war. Warum trägt Oma so etwas in ihrem Portemonnaie herum? Von einem Meerestierkrankenhaus habe ich noch **nie** gehört. Liegen dort Kraken in den Betten, **oder was**? Das glaube ich erst, wenn ich es mit eigenen Augen sehe. Eins ist sicher: Mit dieser Karte kommt sie dort zur Tür rein. Ich auch?

Ich bin echt zu neugierig, um weiterzuschreiben, Leute. Zuerst muss ich rausfinden, was es mit dieser Zugangskarte auf sich hat. Das lässt mir keine Ruhe. Ich werde die Verkäuferin nach dem Weg fragen.

14:48 Uhr

Das Meerestierkrankenhaus ist ein altes **Backsteingebäude** direkt am Strand. Am Haupteingang ist zwar eine Klinke, aber die lässt sich nicht runterdrücken. Daraufhin habe ich Omas Zugangskarte durch den **Schlitz** neben der Tür gezogen. Und siehe da! Die Tür hat **geschnurrt** und ist aufgesprungen. Mein Herz hat wie wild geklopft, und ich dachte, es kommt mir gleich zum Hals rausgesprungen. Die Eingangshalle war **riesig**, und mitten im Raum hing ein **Wal** an der Decke. Ich frage mich immer noch, ob der echt ist.

Die Frau am Empfang hat ziemlich streng über den Rand ihrer Brille geschaut: »Wie bist du denn hier reingekommen?«

Ich habe Omas Ausweis gezückt. »Damit!«

Die Frau am Empfang grinste. »Ah, du bist also Rebella, Liselottes Enkelin! Sie hat doch bestimmt noch nicht ausgeschlafen, oder?«

Verlegen habe ich den Kopf geschüttelt. Dass sie so grinste, verriet mir: »Sie kennen meine Oma wohl ziemlich gut, was?«

Sie nickte so heftig, dass die Brille auf ihrer Nase auf und ab tänzelte. »Und ob, Lilo kennt hier jeder.«

Na toll, offenbar ist meine Oma eine **stadtbekannte Langschläferin**. Wie peinlich!

Ich: »Ich kann mir ihre Wahnsinns-Müdigkeit auch nicht erklären.«

Die Frau am Empfang: »Ich schon. Deine Oma hat die ganze Nacht einen verletzten Mondfisch operiert. Seine Flosse wurde von einer Schiffsschraube verletzt, und deine Oma hat sie zusammengenäht, damit er bald wieder im Meer schwimmen kann.«

Ich: »Was? Meine Oma näht nachts Fischflossen zusammen? Einfach so, heimlich, hinter meinem Rücken, während ich schlafe? Ist sie Tierärztin, oder was?«

Die Frau am Empfang: »Sieht ganz so aus.«

Ich kaute auf der Unterlippe. »Sorry, aber ich muss gehen. Das soll mir meine Oma mal lieber selber sagen.«

Dann habe ich mich sofort verabschiedet und bin zur Yachtwurst gerannt, so schnell ich konnte.

Das ist also ihr Geheimnis. Das muss es sein. Sie ist nachts weg und kommt morgens reingeschlichen. Alles passt zusammen. ABER WAS, ZUM TEUFEL, fällt ihr ein, das einfach für sich zu behalten?!

Ich habe in der Kombüse gewartet, bis sie aufgewacht ist.

Dann bin ich direkt zur Sache gekommen: »Oma, wieso hast du mir nicht gesagt, dass du im Meerestierkrankenhaus arbeitest?«

Sie: »Gib mir mal die Brötchen, die riechen köstlich.«

Ich übergab ihr die Tüte, konnte aber echt nicht fassen,

Mondfisch

dass sie in diesem Moment an Brötchen dachte! »Lenk jetzt bitte nicht ab, Oma.«

Sie (mit vollem Mund): »Ich dachte, du hast mit meinen kanalaK-Sachen nichts am Hut. Zumindest meinte ich, das am Bahnhof gehört zu haben.«

Ich: »Aber hallo! **So** habe ich das doch nicht gemeint, Oma.«

Sie: »Na, da bin ich aber froh. Das heißt, ich kann dir von all den schönen Dingen erzählen, die hier am und im Meer passieren? Also diese Dinkelbrötchen sind wirklich der Hammer. Wenn da jetzt noch Algen drin wären ... unschlagbar!«

Ich: »Klar kannst du mir alles erzählen! Und ... Oma? Ab sofort gibt es keine Geheimnisse mehr zwischen uns, okay?«

Oma nickte feierlich und strich mir liebevoll über die Nasenspitze. Zufrieden lehnte ich mich zurück. Das Grinsen in meinem Gesicht wollte gar nicht mehr weggehen. Meine **zweite** Rosinenschnecke war so süß und fluffig wie die Schäfchenwolken, die über der Yachtwurst hingen.

Dienstag, den 8. AUGUST

7:37 Uhr

Hai, Leute! Sorry, dass ich so lange offline von meinem Tagebuch war. Aber ich hatte gestern viel mit Oma zu bequatschen. Sie hat mir alles über die Arbeit im Meerestierkrankenhaus erzählt. Dort hat sie schon viele Tiere gesund gemacht. Aber es gab auch einige traurige Fälle, denen sie nicht mehr helfen konnte. Sterben ist doof. Zum Glück waren Cheesy, Bas und Bolle gestern Nachmittag da, so war ich wenigstens nicht alleine mit diesen traurigen Gedanken. Um uns abzulenken, haben wir die Beete sauber gemacht. Dabei habe ich mich über jedes Tier gefreut, das putzmunter durch unsere Algenfarm geschwommen ist.

10:07 Uhr

Heute habe ich eine **Blase** am Fuß, groß wie eine Zwei-Euro-Münze. Die Flosse hat dort gegen meinen Knöchel gerieben, als wir gestern den Müll vom Meeresgrund geholt haben. Ih, da war auch ein Autoreifen dabei, der war **echt eklig** glitschig. Bolle glaubt, dass meine Blase

55

dringend **operiert** werden muss, weil mir an dieser Stelle sonst bald die Haut in Fetzen hängt. Ich hatte eine bessere Idee. Ich tauche heute einfach ohne Flossen.

Unkraut zupfen ist angesagt. Das heißt, dass in jedem Beet nur eine Algenart wachsen soll.

Wir teilen uns auf:

Cheesy: Seegraswiese

Bas: Riementangwald

Bolle: Zuckertanghügel

Sprotte: Pfefferalgenbeet

14:47 Uhr

Leute! Es ist etwas total Cooles passiert! Ich hab zwei Entdeckungen gemacht! Die sind mindestens so sensationell wie zwei goldene Gummibärchen in einer Tüte voller Lakritzschnecken! Und das kam so:

Ich ... ich ... ich ... Hilfe, wo fange ich nur an!

In meinem Beet wächst alles durcheinander. *Mensch, Rebella, habe ich bei mir gedacht, wenn dort nur Pfefferalgen sein sollen, muss ich* **alle** *anderen Algen ausreißen. Ob das* **richtig** *ist? Auch die* **weißen**? Das habe ich nicht übers Herz gebracht, weil sie wirklich wunderschön aussehen, wie große Schneeflocken, die hintereinander auf einen langen Faden gefädelt wurden. Weiß wie Schnee ... echt der Hammer! Viel zu schön, um Unkraut zu sein. Ich nenne sie Schneealgen, weil das der perfekte Name für sie ist. Ein paar habe ich abgepflückt, um sie Oma zu zeigen. Damit ich sie nicht verliere, wenn ich zur Yachtwurst zurückschwimme, habe ich sie in meinem **Badeanzug** geparkt.

Plötzlich wurden die Schneealgen in meinem Badeanzug unruhig. Ich hab sie hervorgeholt, und ihr glaubt nicht, was ich zwischen ihnen entdeckt habe! Ein winziges Tier mit einer Pferdeschnauze, das sich mit dem Schwanz (sieht aus wie ein Wurm) an der weißen Alge festhielt.

Ein Seepferd-chen! Ein **echtes** Seepferdchen! Ein schneeweißes … so lang wie mein Zeigefinger. Und ich habe es entdeckt. **Wow!**

Sofort habe ich mir den Schnorchel aus dem Mund gerissen und Cheesy und die Jungs gerufen. Bas hat das Seepferdchen vorsichtig in die Hand genommen und es zurück ins Beet gebracht.

Ich habe mich **abgestrampelt**, um schnell zur Yachtwurst zu kommen (Alles ohne Flossen!!).

Schon unten an der Leiter habe ich gerufen: »Oma? Du wirst es nicht glauben ...!«

Sie hat sofort zum Kombüsenfenster rausgeschaut und »Was gibt's denn?« geantwortet. So schnell ich konnte, bin ich die Leiter nach oben geklettert. Dort habe ich die Maske und den Schnorchel ausgezogen und mich von außen an das Kombüsenfenster gestellt, um ihr von dem Seepferdchen zu erzählen. Plötzlich habe ich über mir diesen Summton gehört. Jemand hat mit einem Stein nach mir geworfen. »**Ey!** Was soll das?«, hab ich gebrüllt und die Faust in die Luft geschleudert. Über mir entdeckte ich eine Drohne, die wegflog wie eine riesige Hummel. Anscheinend hatte die den Stein abgeworfen.

Oma kam rausgerannt und hob den Stein auf. Daran hing ein Zettel mit einer Nachricht, die Oma laut vorgelesen hat: »Bitte sofort kommen! Notfall im Meerestierkrankenhaus: Kleine Seezunge hat sich an großem Borstenwurm verschluckt! Es geht um Leben oder Tod.« Oma sah vom Zettel auf. »Rebella, ich muss los. Wir reden später, okay?«

58

Ich: »Aber Oma, ich wollte dir gerade von meiner Entdeckung erzählen!«

Oma: »Geht es um Leben oder Tod?«

Ich: »Na, das nicht gerade, aber es ist trotzdem wichtig.«

Sie strich mir über den Kopf. »Dann geht das Krankenhaus vor, weil dort zwei Meerestiere in Gefahr sind. Heb dir deine Neuigkeit für später auf, wenn ich zurück bin. Ich bin schon super gespannt.« Dann ist sie vom Kutter gerannt.

Ich finde es zwar toll, dass sie Meerestiere rettet, aber ich hätte ihr so gern von dem Seepferdchen erzählt. Klar verstehe ich, dass sie zuerst die beiden Tiere retten muss. Aber wer weiß, wie lange das dauert? Bis sie zurück ist, hat mir die heiße Neuigkeit sicher ein Loch in die Zunge gebrannt.

22:30 Uhr

Mir kam es so vor, als hätte ich Ewigkeiten auf Oma gewartet. Es war schon dunkel, als sie endlich kam. Aber sie hat sich gefreut, denn ...

Oma: »Du hast ja Tee und Pfannkuchen gemacht. Wie lieb von dir!«

Ich habe nur **lässig** genickt. Mit dem Brotmesser habe ich drei Pfannkuchen vom Stapel genommen und ihr den Teller gegeben. »Hmmmm...«, hat sie gemacht. Das hat mich gefreut.

Ich: »Wie geht es deinen Patienten?«

Oma hat sich einen Pfannkuchen gerollt und abgebissen.

»Geht boiden gut. Hmmm ... die Pfonnkuchen sünd lecker. Die Seezunge hat sich etwas übernommen mit dem Borstenwurm. Was wolltest du mir oigentlich heute Nachmittag so drüngend erzählen?«, hat sie mit vollem Mund genuschelt.

Während sie gegessen hat, habe ich ihr die Schneealgen gezeigt und vom Seepferdchen erzählt.

Dann hat mich Oma gelöchert. Sie wollte **alles** wissen. »Im Moment hört es sich so an, als hättest du eine doppelte Entdeckung gemacht.«

Ich hab's euch doch gesagt! *ICH FLIPPE AUS!* Sobald die Sonne aufgeht, soll ich ihr die Fundstelle zeigen. **Hoffentlich** finde ich das Seepferdchen wieder.

MiTTWOCH, den 9. August

10:06 Uhr

So schnell wie heute Morgen um acht bin ich noch **nie** im Wasser gewesen. Noch vor Oma. Wir haben das Frühstück ausfallen lassen und sind schnurstracks zum Pfefferalgenbeet geschnorchelt. Dort haben wir Ausschau nach dem weißen Seepferdchen gehalten. **Nichts.**

Immer wieder sind wir hin und her geschwommen, haben uns überall umgeschaut.

Irgendwann hat mir die **Dümpelei** gereicht, und ich bin abgetaucht. Oma ist mir gefolgt. Mit beiden Händen habe ich die Pfefferalgen auseinandergehalten, damit wir die Schneealgen dazwischen besser sehen konnten. Und dann haben wir nur noch gestaunt. Denn vor uns hing das weiße Seepferdchen an einer Schneealge. **Volltreffer!** Oma hielt den Daumen hoch. Trotz Tauchermaske habe ich gesehen, dass sie die Augen weit aufgerissen hatte, denn – haltet euch fest – da gab es nicht nur das **eine** weiße Seepferdchen, sondern **viele**. An jeder

Alge haben sich mehrere angeheftet. Sie hingen da einfach rum oder schwammen ein kleines Stück und hefteten sich an eine andere Schneealge. Ich hätte dem **Gewusel** ewig zuschauen können. Aber ich musste auftauchen, um Luft zu holen. Oma auch. Sie ist mit ihren kurzen Flossen die Leiter zur Yachtwurst hochgeklettert. Dabei rief sie immer wieder durch ihren Schnorchel: »Das müssen Hunderte sein! Das müssen Hunderte sein!« Währenddessen habe ich meine langen Flossen im Wasser ausgezogen und im hohen Bogen aufs Deck geworfen. »Meinst du, dass sie eine echte Sensation sind, Oma?«

Und sie meinte: »Also, wenn diese Entdeckung keine Sensation ist, **fress** ich einen **Besen**.«

11:14 Uhr

Zurück auf der Yachtwurst hatten wir erst mal Kohldampf vom Feinsten. Weil Oma in ihre Kajüte abgedüst ist, um in ihren **schlauen** Büchern etwas über die Schneealgen und die Seepferdchen herauszufinden, habe **ich** mich ums Frühstück gekümmert (**ausnahmsweise!**).

In der Sonne an Deck haben wir **Omelett alla Rebella** gefrühstückt, in das nur kleingewürfelte Tomaten reindurften.

Oma: »Also, wenn da jetzt noch Pfefferalgen drin wären, wäre es das beste Omelett meines Lebens.«

Ich: »Du musst dich Tomaten gegenüber mehr öffnen, Oma, okay?«

Oma: »Wenn du dich den Algen mehr öffnest, okay, Sprotte?«

Ich musste lachen. Dass sie mich nun auch Sprotte nannte, gefiel mir irgendwie. Aber noch mehr gefiel mir, dass wir danach wieder über die Seepferdchen sprachen. Ihr müsst nämlich wissen, dass Oma glaubt, wir könnten eine seltene Seepferdchen-Art gefunden haben. (Nur fürs Protokoll: **Ich war's!**)

Oma: »Es sind Albino-Seepferdchen, die normalerweise nur einzeln auftreten und sehr selten vorkommen. Wegen der weißen Färbung fallen sie ziemlich auf. Leider auch ihren Fressfeinden. Deshalb werden Albino-Seepferdchen schnell zur Beute. Aber zwischen unseren weißen Algen sind sie nahezu unsichtbar und deshalb vor Feinden geschützt. Das ist bestimmt der Grund, warum sie sich dort so vermehrt haben.«

Ich: »**Höllisch aufregend!** Ist schon krass, wie das alles im Meer **zusammenhängt**. Und was ist mit den Schneealgen?«

Oma: »Das sind keine Schneealgen, Rebella. Die echten Schneealgen sind mikroskopisch klein und leben in abtauenden Schneefeldern.«

Ich: »Was willst du mir damit sagen, Oma?«

Oma: »Du musst ihnen einen anderen Namen geben, denn ich habe deine weiße Alge in keinem Buch gefunden. Auch sie scheint eine Neuentdeckung zu sein.«

Weil Oma mir ein Foto von den Mikro-Schneealgen in einem Buch gezeigt hat, war für mich klar: »Die mickrigen Dinger haben den Namen echt nicht verdient. Ich sage zu meinen weißen Algen auf jeden Fall Schneealge, und damit basta. Dagegen kann niemand was haben. Schließlich habe ich sie entdeckt.«

12:00 Uhr

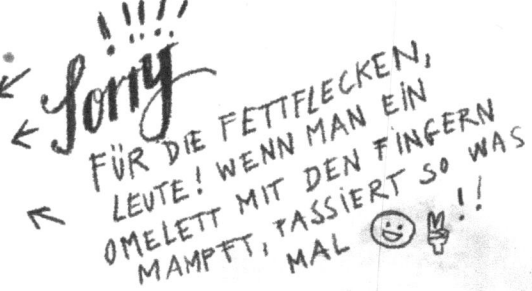

← Sorry
← LEUTE! WENN MAN EIN
FÜR DIE FETTFLECKEN,
OMELETT MIT DEN FINGERN
MAMPFT, PASSIERT SO WAS
MAL 😊 ✌ !!

Die Jungs und Cheesy sind mittlerweile auch da. Vorsichtig habe ich ihnen die Seepferdchen-Population gezeigt. Von einem Seepferdchen wussten sie zwar schon, aber wie viele es wirklich sind, davon hatten sie keine Ahnung. Na ja, wer wäre da nicht aus dem Häuschen? Bas sprach von einem kleinen Wunder auf unserer Farm.

Es macht Spaß, mit den dreien rumzuschwimmen. Im Wasser sieht alles so anders aus. Aber wisst ihr was? Am schönsten ist der Unterwassergarten in der Morgensonne. Wenn die Wellen nur ganz leicht auf- und abtanzen, **glitzert** das Licht bis zum Meeresgrund. Alles flimmert, ist bunt und wiegt sich in der Strömung hin und her. Ein Feuerwerk der Farben! Wie schön sich der hellgrüne Meersalat an den lila Meerampfer schmiegt. Ich fühle mich wie eine **Meerjungfrau**, die durch eine Zauberwelt schwimmt.

13:16 Uhr

Weil wir an nichts anderes denken können und über nichts anderes reden als über die Entdeckung, haben wir beschlossen, heute Abend eine **Schneealgen-Albino-Seepferdchen-Entdeckungsparty** auf der Yachtwurst steigen zu lassen. Oma hat vorgeschlagen, dass wir **Spaghetti** kochen. Ein Traum wird wahr! Ich darf die Tomatensoße machen. Supi! Meine Kochkünste scheinen Oma zu gefallen. Aber in mein Gericht kommt **nur** rein, was **ich** will. Oma möchte unbedingt mit Bas Riementang ernten. Ich weiß auch nicht, wieso ihr das gerade so wichtig ist. Aber meinetwegen, warum nicht?

14:52 Uhr

Wir sind am Strand. Ich kritzele ein bisschen hier rein: Seesterne und Muscheln.

Während wir im Sand **chillen**, langweilt sich Cheesy. Niemand hat gerade Lust, mit ihr neue Käsenamen zu erfinden. Von der Yachtwurst holt sie eine Tasse heißen Schwarztee.

Den verrührt sie mit **Henna-Pulver** zu einer dunkel-
braunen Paste.

»Henna ist eine **Pflanzenfarbe** aus getrockneten
Blättern«, sagt Cheesy und rührt mit
einem Treibholzstöckchen in der Tasse
herum. »In Indien bemalt man damit
die Haut.«

Während
ich im Sand
liege und hier
reinschreibe,
bemalt sie
meine **Füße**.
Das Stöck-
chen kratzt
ein biss-
chen auf
der Haut,
aber nicht
doll. Als sie aber
in die Nähe meiner Fuß-
sohlen kommt, muss ich mich echt zusammenreißen, so
sehr kitzelt es.

»Halt still!«, schimpft Cheesy. Als sie mit meinen Füßen fertig ist, rutscht sie auf Knien rüber zu Bas.

Bolle ist noch mal nach Hause gegangen, um seiner

mehndi TATTOO

Mutti Bescheid zu sagen, dass er wegen der Party heute Abend ein bisschen länger auf der Yachtwurst bleibt. Weil Bas unbedingt ein Mehndi von Cheesy gemalt bekommen wollte, hat er Bolle gebeten, auch bei seiner Mama Bescheid zu sagen.

Bevor er losgezogen ist, habe ich ihn noch gefragt, ob er mir die Zutaten für die Tomatensoße mitbringen kann, und er war sofort einverstanden. Er ist echt super nett.

Ich höre das Schwappen der Wellen. Das Meer ist ganz ruhig, und ich bin kurz vorm Wegdösen. Aber Cheesy scheucht uns ins Wasser, um die Paste abzuwaschen.

18:12 Uhr

Ich bin wieder auf der Yachtwurst. Auf meiner Haut sind nun wunderschöne Schneealgenranken zu sehen, und auf Bas' Oberarm ist ein Seepferdchen. Cheesy ist eine echte Künstlerin.

18:50 Uhr

Es ist so weit. **Die Party kann steigen**. Noch sitze ich im Sessel und texte hier rein. Immer wieder schaue ich auf meine Füße mit den gemalten Schneealgenranken. Echt cool, so ein **Mehndi-Tattoo**. Auch Bas schaut heimlich immer wieder in den Spiegel, um sein Seepferdchen am Oberarm zu bewundern. Er deckt mit Cheesy gerade den Kombüsentisch und legt Muscheln zwischen das Geschirr, die wir am Strand gesammelt haben.

Ah, Bolle kommt gerade! Er hat alles für meine Nudelsoße eingekauft. Und statt einer Plastiktüte hat er einfach ein Fischernetz zur Tragetasche umfunktioniert. Böllisch clever, würde ich sagen.

19:23 Uhr

Ich habe die Soße gemacht. Ging schnell. Absolut kein Ding. Was mir am besten gefällt? Algen haben in meiner Soße **Hausverbot** bekommen. Das Einzige, was dafür gehackt wurde, waren die Zwiebeln. Bolle und ich haben uns dabei die Augen aus dem Kopf geheult. Schließlich habe ich sie in einer Pfanne mit Öl angebraten. Den langen Strahl Tomatenmark aus der Tube hat Bolle reingequetscht. Es hat geblubbert ohne Ende. Darum habe ich gerührt wie eine Weltmeisterin, damit nichts anbrennt. Bolle hat den Ring an der Dose mit den gestückelten Tomaten nicht aufgekriegt. Hektisch habe ich nach Oma gerufen, die in ihrer Kajüte Bücher gelesen hat. Gut, dass sie ihm geholfen hat.

Mit Schwung hat Bolle nacheinander den Inhalt der vier Dosen in die Pfanne gegeben. Dann hat er mit Salz, Pfeffer und einer Prise Zucker abgeschmeckt. Ich habe die Blätter vom frischen Oregano, Thymian und Basilikum gezupft und in die Soße gegeben. An der Schlagsahne habe ich nicht gespart. Sie ist das i-Tüpfelchen in meiner Tomatensoße.

Oma hat Bas den großen Topf in die Hand gedrückt. Darin hat er Nudelwasser aufgesetzt. Cheesy hat den Käse gerieben – ein Gouda. Sie hat die Nase gerümpft, ich habs genau gesehen. Bestimmt, weil er nicht aus ihrem Käseladen stammt. Trotzdem wird das ein **Festessen**.

Dann hat uns Oma zu sich geholt und alle Verpackungen auf einen Haufen gelegt: **1 Kunststoffnetz von den Zwiebeln, 4 Konservendosen, 1 Tomatenmarktube, 1 Plastikbecher für das Oreganokraut, 1 Tetrapack für die Schlagsahne.** Und das alles nur für ein einziges Essen. Ein riesiger Berg Abfall. Oma hat was gegen jede Verpackung, weil das Zeug im Meer landet und dort Schaden anrichten kann. (Und sie hat recht. Aus den Algenbeeten haben wir viele Verpackungen geborgen: leere Cola-Dosen und Plastikfolien von Eis am Stiel und so was alles.)

Wir haben uns geschworen, dass wir Verpackungen in Zukunft vermeiden möchten. Das ist **Ehrensache** für uns. Frische Zutaten haben keine Verpackung.

Endlich hat das Wasser gekocht. Bas hat hektisch nach den Spaghetti gesucht. Stattdessen hat Oma ihm den Korb mit Riemenalgen vor die Nase gestellt.

Ich: »Was zum Teufel soll das denn?«

Doch Bas hatte Oma ganz genau verstanden. Darum warf er die Riemenalgen ins kochende Wasser. Er probiert immer gerne neue Sachen aus.

Ich: »Nein! OMAAAA! Wo sind die echten Spaghetti?«

Oma: »Das sind Meeresspaghetti. Die schmecken lecker und kommen völlig ohne Verpackung aus.«

Im heißen Wasser färbte sich der Riementang **gift-grün**. »Nein, bitte das nicht auch noch«, entschlüpfte es mir, weil ich die Farbe echt nicht appetitlich fand. Schöne **gelbe Eiernudeln** wären mir tausendmal lieber gewesen. Seid bitte mal ehrlich. Euch doch auch, oder?

Oma überraschte uns mit einer **Fruchtbowle** (ohne Algen, juppiduppidu!), die sie in ihrer Kajüte vorbereitet und versteckt hatte. Jetzt warten wir nur noch darauf, dass die Spaghetti gar werden.

20:27 Uhr

Ich gebe es nicht gerne zu, aber der Partyspaß hat erst so richtig wegen der **Meeresspaghetti** Fahrt aufgenommen. Manche waren so lang, dass wir die Soße im ganzen Gesicht hatten, als wir sie einschlürften. Bolle sah **zum Piepen** aus. Zugegeben: Mit meiner Soße und dem geriebenen Käse schmecken Meeresspaghetti gar nicht so **übel.** Trotzdem habe ich sie mit viel Bowle runtergespült. **Die** war nämlich **saulecker.**

Nach dem Essen hat Oma laut Musik angemacht und dann den Seepferdchentanz eröffnet. Dafür macht man wellenförmige Bewegungen. Zuerst stemmt man die Arme in die Seiten. Dann macht man mit dem Körper eine große Welle, indem man zuerst den Kopf ganz weit nach vorne steckt. Schließlich schiebt man den Rest des Körpers nach, bis die Füße einen Schritt vorwärts machen müssen. Das macht man fünfmal. Danach klatscht man dreimal in die Hände, dreht sich springend um und tanzt so den ganzen Weg wieder zurück. Wir mussten echt lachen, weil Oma wirklich einen sehr eigenwilligen Tanzstil hat. Wir haben versucht, mit ihr im Takt zu tanzen, aber es hat ziemlich am Gleichschritt gehapert. Wurscht. Vor allem hat es Spaß gemacht. Das hätten wir ewig machen können. Aber dann kam Bolles Mama ihn abholen, und sie hat Bas und Cheesy auch mitgenommen.

Was war das doch für eine **tolle** Schnee-algen-Albino-Seepferdchen-Entdeckungsparty!

Ich bin schon im Bett, und mir fallen die Augen zu. Das war ein aufregender Tag. Es kommt mir so vor, als hätte ich heute ein halbes Buch geschrieben. Tschüssi, bis morgen.

DONNERSTAG, den 10. August

09:17 Uhr

Heute möchte Oma, dass wir Algen ernten, die wir morgen auf dem Wochenmarkt verkaufen. Pfff ... Wer kauft schon Algen? Wozu auch? Aber wir tun ihr den Gefallen.

11:30 Uhr

Ich trinke gerade einen Pfefferminztee auf dem Steg. Bas und Bolle haben den **widerspenstigen** Riementang geerntet – die Meeresspaghetti. Die Arbeit geht nur zu zweit. Bolle hat das Netz aufgehalten und Bas die abgeschnittenen Riemen hineingestopft.
Weil sie mehrere Meter lang sind, haben sie sich in seinen langen Haaren

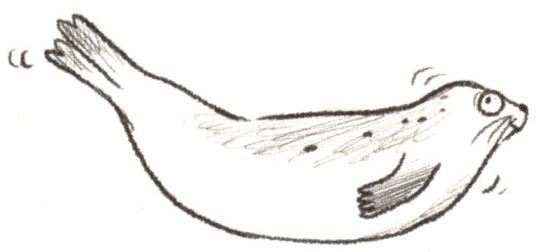

verheddert. Bolle musste durch den Schnorchel **Blasen** lachen und hat Wasser in die Nase bekommen. Panisch ist er aufgetaucht und hat dabei das Netz losgelassen. Wie eine Robbe hat er sich rückwärts auf die Wasseroberfläche gelegt und sich die Seele aus dem Leib geschnäuzt und gerufen: »Mensch, hol mich der Klabautermann, wie krass mir der Zinken brennt!«

Zum Glück hat Cheesy das Netz zu fassen gekriegt, bevor es weggedriftet ist. Sonst wäre die ganze Arbeit umsonst gewesen.

Dann schon wieder Bolle: »Kameraden, ich hab *DIE NASE VOLL* und brauche eine Pause. Normalerweise würde ich jetzt zum Arzt gehen. Aber wenn der mich auf die Intensivstation einweist, kann ich nicht bei euch sein.«

Bas und Cheesy haben ihm einen anerkennenden Blick zugeworfen. Dann haben wir ihm den Daumen hoch gezeigt.

Ich: »Du bist echt der coolste Bolle auf der ganzen, weiten Welt.«

16:02 Uhr

Bas und ich haben noch ein bisschen weitergeerntet: ein paar wenige Pfefferalgen (sehr vorsichtig) und im flachen Wasser grünen Meersalat. Vom Steg aus hat uns

Oma die vollen Netze abgenommen und den Tang in dunkelbraune Weidenkörbe gelagert. Die hat sie dann ins Wasser unter den Steg gestellt, um die Algen frisch zu halten.

Weil wir lange im Wasser waren, ist uns ein bisschen kalt. Zum Aufwärmen haben wir uns auf den Holzsteg gelegt. Herrlich, wie die Wellen unter uns durchschwappen und die Möwen schreien.

ALGEN

algen ALGEN

FREITAG, DEN 11. AUGUST

15:15 Uhr

Manche Tage sollte man aus dem Kalender streichen können. Heute ist so einer. Eigentlich wollten wir nur zum Markt, um die Algen zu verkaufen.

ALgen ○○

GHEIMLICHTUERIN!

1. Zwischenfall: Auf dem Weg zum Markt verliert der Handwagen unterwegs eins der Räder. Wir können es zwar dranmachen, aber nach einigen Schritten springt es wieder ab. Echt **anstrengend**.

2. Zwischenfall: Wegen dem Theater mit dem Rad waren wir, Cheesy und ich, **spät** dran. Alle Marktplätze waren besetzt. Wir konnten unseren Algenstand nur noch neben dem Fischverkäufer aufbauen. Ein **SCHREIHALS**, der jedem seinen Fisch aufgedrängt hat. Keiner kam an unseren Stand, weil er die ganze Aufmerksamkeit auf sich gezogen hat. Der Frau gegenüber von uns, die Cremes, Zahnpasta und Salben verkaufen wollte, ging es genauso. Das konnte ich mir unmöglich gefallen lassen. Darum habe ich alle wissen lassen, wer **lauter** schreien kann.

»**Da guckste**, Fischmann!« Jetzt kamen die Leute nämlich zu uns.

3. Zwischenfall: **Nie** im Leben hätte ich gedacht, dass so **viele** Leute überhaupt was mit Algen anfangen kön-

nen. Sie haben vor allem die Meeresspaghetti gekauft. Manche fragten, ob wir auch **getrocknete** haben, weil man die besser aufbewahren kann. Scheint eine **Marktlücke** zu sein. Ich hab mir vorgenommen, sie bei Oma in Auftrag zu geben. Die Pfefferalgen gingen auch gut weg.

Plötzlich wickelte sich Cheesy ein Büschel Pfefferalgen in eine Zeitung, steckte sie in ihre Tasche und tat **geheimnisvoll**.

Ich: »Was hast du denn Schönes damit vor?«

Sie: »Nichts Besonderes. Ich will damit nur was ausprobieren.«

Ich: »Das dachte ich mir schon. Aber was denn genau?«

Sie: »Ist zu früh, um darüber zu sprechen. Vielleicht wird es ja nichts.«

Ich versuchte es noch mal: »Du kannst es mir ruhig verraten. Ich finde Geheimnisse interessant.«

Sie: »Nö, lass mal. Wenn es geklappt hat, was ich vorhabe, sage ich es dir.«

Ich: »Ich dachte, wir sind Freundinnen und teilen alles miteinander? Es geht nicht, dass du wichtige Informationen für dich behältst.«

Sie: »Doch, das geht.«

Ich finde ihre Heimlichtuerei **unmöglich**. Warum schließt sie mich aus? Ich bin immer noch total stinkig auf sie.

Schließlich bin ich **allein** zur Yachtwurst zurückgekehrt und habe die Kajütentür hinter mir **zugeknallt**. Die kanalaK-Welt kann mir so was von gestohlen bleiben.

Was würde ich jetzt für einen **Computer** geben. Dann könnte ich mit meinen Gamerfreunden **chatten**. Die sind einfach die **Besten**.

Samstag, den 12. august

Ich bin in mei-
ner Kajüte und
schmolle. Wegen
allem und jedem. Na
ja, eigentlich **we-
gen Cheesy**. Ich bin ent-
täuscht. Wenn man es streng nimmt, sind die
Algen, die sie vom Marktstand mitgenommen
hat, von der Farm **meiner** Oma. Das verpflich-
tet sie, mit der Sprache rauszurücken, was sie
damit vorhat.

Noch **vier Wochen**, bis ich wieder nach
Hause darf. Draußen regnet es in **Strömen**. Ich
kann nicht mal die Seepferdchen besuchen.

Oma hat mir eine **heiße Schokolade** gebracht. So-
lange sie in meiner Kajüte war, habe ich so getan, als
wäre ich nicht daran interessiert. Aber sie hat herrlich
schokoladig gerochen. Als sie draußen war, habe ich zuerst den Finger reingesteckt und abgelutscht. **Hmmm ...**
So eine heiße Schokolade schmeckt echt super.

Trotzdem ist meine Laune im **Keller**. Ach, stimmt, auf der Yachtwurst gibt's ja keinen. Also dann wabert meine Laune eben an der tiefsten Stelle der Nordsee, und das sind immerhin **siebenhundert Meter**. Das bedeutet, wenn Oma mich wirklich aufmuntern will, muss sie schon was **Hammermäßiges** auffahren.

17:12 Uhr

Und was soll ich euch sagen? Das hat sie glatt gemacht.

Ich durfte sie ins Meerestierkrankenhaus begleiten! Seit ich das letzte Mal da war, habe ich mich ganz oft gefragt, was dieses Meerstierkrankenhaus alles zu bieten hat. Mir war natürlich klar, dass die wirklich interessanten Sachen erst nach der der riesigen Eingangshalle kommen. Also Betten, in denen Kraken liegen, gibt es keine – dafür aber jede Menge Zimmer mit Aquarien. Im ersten Krankenzimmer ist das Aquarium besonders groß und mit viel Sand ausgeschüttet. Dort wohnen Muscheln, die sauberes Atemwasser strudeln, nachdem sie von einer ölverpesteten Sandbank gerettet wurden. Im Krankenzimmer schräg gegenüber steht eine riesige Wassersäule, die bis zur Decke reicht. Darin ist vorhin ein Fischschwarm im Kreis geschwommen. Ich wollte Oma fragen, warum er hier war, aber sie war schon weg. Ich habe sie in Krankenzimmer Nr. 6 gefunden. Im Wasserbecken dort schwamm der **Mondfisch**, dessen Flosse Oma operiert hat. So einen Fisch habe ich noch nie gesehen. Er sah aus wie eine **große Scheibe** mit einem winzig **kleinen Mund**. Die Naht an der Flosse war noch zu sehen, aber die Verletzung schien gut zu heilen. Jedenfalls sagte Oma das. Sie war zufrieden. Der Patient kann demnächst in die **Freiheit** entlassen werden.

Plötzlich guckte Oma auf ihre Uhr und murmelte was von einem Interviewtermin.

Ich: »Was denn für ein Interview?«

Oma: »Ich habe jetzt keine Zeit für lange Erklärungen, Rebella. Du bleibst so lange bei Farid.«

Das hat mir zwar nicht gepasst, aber ich habe gehorcht, weil Oma im Krankenhaus der Boss ist. **Krakenpfleger**

Farid kümmert sich jeden Tag um die tierischen Patienten (manchmal auch Kraken, die seine Lieblingstiere sind). Beim Rundgang hat er mir erzählt, was jedem Einzelnen zugestoßen ist. Am meisten hat mich beeindruckt, was er über den Fischschwarm in der Wassersäule erzählt hat. Nachdem er von einer schwimmenden Fischereifabrik eingefangen wurde, muss sich das Netz vom Schiff losgerissen haben. Die Fische trieben in dem Netz umher und konnten nicht mehr heraus. Erst die *Tiefsee II*, das Schiff einer Umweltorganisation, hat das umherirrende Geisternetz samt Fischschwarm zum Meerestierkrankengeschleppt, wo die gesunden Fische freigelassen wurden und die kranken in die Wassersäule kamen, damit sie dort wieder gesund werden können.

Nach dem Rundgang bin ich mit Farid zurück in die Eingangshalle gegangen. Und da saß Oma einem

tipp-tipp-tipp-**Reporter** gegenüber und plauderte **lo-cker flockig** über unsere Entdeckung auf der Algenfarm, als wäre es das Normalste der Welt, Geheimnisse auszuplaudern.

Vor Schreck wäre mir fast das **Herz** stehen geblieben. Darum habe ich ihnen sofort ins Gespräch reingegrätscht.

»Mensch, Oma, was machst du denn? Wenn jeder über die Schneealgen und Seepferdchen Bescheid weiß, kann sie auch jeder finden. Sollten wir das nicht lieber **für uns** behalten?«

Oma: »Ich mag keine Geheimniskrämerei.«

Brühwarm fiel mir die Sache mit Cheesys Geheimnis wieder ein.

Ich mag so was ja eigentlich auch nicht. Aber das habe ich nicht gesagt.

Schließlich kam es noch **schlimmer**: Oma erzählte dem Reporter, dass sie über einen Nachfolger für die Algenfarm nachdenkt.

»**Waaaas?** Oma, was soll das denn jetzt plötzlich? Die Algenfarm gehört doch dir und auch ein bisschen uns.«

Der Reporter kritzelte noch etwas in sein kleines graues Notizbuch. Dann klappte er den Laptop zu.

Das stinkt mir alles gewaltig! Denn ich will nicht, dass die Algenfarm jemand anderem als meiner Oma gehört.

85

Zurück auf der Yachtwurst habe ich Oma wissen lassen, dass ich es total doof finde, dass sie die Farm abgeben will.

Oma: »Ich weiß, dass du so denkst, Rebella. Aber ich habe im Meerestierkrankenhaus einfach zu viel zu tun. Ich schaffe es nicht, mich intensiv um die Farm zu kümmern. Du weißt doch noch, wie verwahrlost du sie vorgefunden hast. Das ist passiert, weil ich einfach zu wenig Zeit für sie habe.«

Ich: »Aber du könntest dir Hilfe holen, so, wie du uns geholt hast.«

Oma: »Das ist auf Dauer keine Lösung. Und ihr geht bald wieder zur Schule. Außerdem werde ich älter. Ein junger Mensch, der all seine Leidenschaft in die Farm steckt, wäre genau richtig.«

SONNTAG, DEN 13. AUGUST

10:41 Uhr

Heute regnet es immer noch in **Strömen**. Trotzdem schauen Bolle, Bas und ich auf der Farm nach dem Rechten. Cheesy ist nicht gekommen. Wahrscheinlich hat sie alle Hände voll zu tun mit ihrem Geheimnis. **Strunz-blödes** Geheimnis!

Ich mache gerade eine Pause und trinke Pfefferminztee. Wenn Cheesy hier wäre, hätten wir **Käsewürfel** zum Tee. Lieber nicht dran denken.

17:19 Uhr

Die anderen spielen gerade Karten in der Kombüse – Mau-Mau. Aber ich habe **keinen Bock**. Dass Cheesy einfach so auf unsere Freundschaft **pfeift**, macht mich traurig. Darum sitze ich in der Ecke und schreibe hier rein.

Bas hat schon wieder gewonnen. Das finden Bolle und Oma gar nicht gut. Bas soll andere auch mal gewinnen lassen. Aber darüber lacht er nur.

Dann hat Bolle eine Glückssträhne. Er fächelt sich mit der letzten Karte Luft zu ...

18:51 Uhr

Wow! Ich kann euch sagen, das war vielleicht ein
Schreck. Mitten im Kartenspiel krachte es plötzlich,
und wir machten einen Satz zur Seite. **Kekse** und **Karten** flogen vom Tisch. Bolle hat den Tee voll abgekriegt.
Etwas war hart gegen die Yachtwurst gestoßen!

Wir sind rausgerannt, um nachzu-
schauen, was los war. Im grauen Wasser
schwamm eine große **gelbe Kugel**.
Es war ein rundes U-Boot namens
Knutschkugel. Darin saß ein Mann

mit einer Kapitäns-
mütze, der **versuchte**, am
Steg einzuparken. Aber er rempelte überall an.

»Ah, Käpt'n Frieso kommt zu Besuch«, sagte Oma
und winkte ihm durchs Bullauge. »Schnell, Kinder, setzt
Teewasser auf.«

Hatte ich richtig gehört? Statt mit diesem »**Einpark-
Genie**« zu meckern, weil es gegen das Schiff gedonnert

88

war, bewirteten wir ihn? Das verstehe, wer will. Wir sammelten die Kekse **vom Boden** auf und stellten sie wieder auf den Tisch. Die kann man noch essen. Außerdem war es Käpt'n Friesos Schuld, dass die Kekse auf dem Boden gelandet sind. Soll **er** sie auch essen.

»Der Käpt'n ist ein Freund des Meerestierkrankenhauses und hilft mit seinem U-Boot, wo er kann. Manchmal erledigt er Unterwasser-Botengänge für mich, wenn ich keine Zeit dafür habe. Er lässt die gesunden Meerestiere frei oder fängt Futter für die Krankenhausbewohner«, sagte Oma. Sie erwartete, dass wir höflich mit ihm sprachen.

Doch wir starrten ihn einfach nur an, als wäre er ein **Tiefseemonster**, das Oma mit Süßkram hereinlockte. Er bediente sich an den Keksen und nahm nur die mit Schoko-Überzug. (Also die **besten**! Finde ich ziemlich unverschämt.)

Nach dem Tee hat uns der Käpt'n eingeladen, das Kugel-U-Boot zu besichtigen. Ich habe abgelehnt, weil mir dieser Käpt'n nicht den Anschein machte, alles unter Kontrolle zu haben. Bolle wollte auch nicht. Er befürchtete einen **Platzangstanfall**. Aber wir staunten, wie schnell Bas hineingeklettert und völlig begeistert wieder rausgekommen ist. Bas findet den Käpt'n super nett. Aber ich bleibe erst einmal skeptisch.

Montag, DEN 14. AUGUST

7:21 Uhr

Bin gerade aufgewacht, habe aber noch keinen Bock aufzustehen. Ich blättere ein bisschen im Seepferdchen-Buch herum, das mir Oma gegeben hat. Da stehen interessante Sachen drin: Bei den Seepferdchen kriegen die Papas die Babys und so was alles. Das Blöde ist: Immer, wenn irgendwo Wasser plätschert, muss ich aufs Klo.

Moment mal! Warum plätschert Wasser in meiner Kajüte?

Ach, du dicker Klabautermann. Da tropft Wasser durch die Wand. Bloß raus hier!

12:16 Uhr

Es ist einfach nur die Hölle, wie unberechenbar die kanalaK ist. Wenn ich das Leck nicht entdeckt hätte, wäre die Yachtwurst Tropfen für Tropfen vollgelaufen und untergegangen. Gluck, gluck, gluck, weg wär sie gewesen.

Gerade sind wir auf einem Lotsenboot, das die Yachtwurst in die Werft schleppt. Dort soll sie repariert werden. Hoffentlich dauert das nicht so lange. Also wenn

Papa meinen Fahrradschlauch flickt, schafft er das in einer halben Stunde. Dann muss der Kleber noch ein bisschen trocknen und fertig. Gut, die Yachtwurst ist einen Ticken größer, geben wir ihr also eine Stunde. Aber das muss reichen. Schließlich habe ich nicht ewig Zeit. Jemand muss sich um die Algenfarm kümmern.

14:27 Uhr

Oma und ich sitzen im Warteraum der Werft. Ich kann keinen Tee mehr sehen, und die Kekse hängen mir auch schon zum Hals raus. Die kleinen Schiffsmodelle habe ich mir bestimmt schon tausendmal angeschaut. Seit Stunden warten wir, dass die Yachtwurst fertig wird, damit wir zurücktuckern können.

14:44 Uhr

Spinnen die? Es ist eine Frechheit, dass sie uns hier so lange sitzen lassen! Wie lange brauchen sie denn noch? So groß war das Leck nun auch wieder nicht.

14:52 Uhr

Diese Warterei geht mir tierisch auf den Zeiger. Ich geh mal gucken, was da so lange dauert. Nicht, dass die uns am Ende einfach nur vergessen haben. Ich sollte sie daran erinnern, dass wir **immer noch** da sind.

14:54 Uhr

Oma erlaubt es mir nicht. Kann ich echt nicht nachvollziehen, das muss doch auch in ihrem Interesse sein, dass wir hier wieder wegkommen. Versteh einer die Erwachsenen.

15:39 Uhr

Ich fasse es nicht!

Der Ober-Chef-Schiffsbauer hat uns gerade zwei schlimme Dinge gesagt.

1. Das Leck ist entstanden, weil etwas sehr, sehr hart gegen die Schiffswand gedonnert ist. (Ach, wer hätte das gedacht? Zufällig weiß ich auch, wer und was das war. Ich sage nur gelb und kugelig.)

2. Die Yachtwurst wird heute nicht fertig und morgen auch nicht. Wir sollen übermorgen mal nachfragen.

Das ist der absolute Super-GAU. Und jetzt?

Wo werden wir schlafen? Wo sollen wir aufs Klo gehen? Hä?

Oma meinte dazu: »Wir schlafen am Strand. Das habe ich oft in Sansibar gemacht. Nur der Himmel, das Meer und die Sterne. Das war richtig schön. Wir machen ein Lagerfeuer und erzählen uns Gruselgeschichten. Herrlich! Es gibt nichts Besseres, als im Sommer am Strand zu schlafen und von den Möwen geweckt zu werden.«

Ich: »Bitte was? Das ist jetzt aber nicht dein Ernst, oder?«

Oma: »Ich könnte es nicht ernster meinen. Keine Sorge, du wirst es lieben.«

Ich schüttelte hartnäckig den Kopf. Ist Oma jetzt völlig verrückt geworden oder was?

DIENSTAG, DEN 15. AUGUST

1:24 Uhr

Mitten in der Nacht bin ich am absoluten Tiefpunkt meines Lebens angekommen. Gerade habe ich das letzte Stück Holz nachgelegt. Noch ist das Feuer so hell, dass ich genug sehe, um hier reinzuschreiben. Aber es ist nur eine Frage der Zeit, bis es ausgeht. Zudem ist mein Schlafsack voller Sand. Er rieselt über meine Haut, als krabbelten Millionen Insekten auf mir herum. Oma **schläft** tief und fest. Ich dagegen bin hellwach. Die Wellen machen so einen Krach, dass ich nicht schlafen

kann, selbst wenn ich mich trauen würde, die Augen zuzumachen.

Am Strand zu schlafen ist schrecklich gruselig. Und als ob das alles nicht schlimm genug wäre, muss ich auch noch aufs Klo. Das ist allerdings auf der anderen Seite der Düne beim Beach-Volleyball-Platz. Schon der Gedanke, dorthin zu laufen, ist der pure Horror.

Und wer ist schuld an dem Ganzen? Nur dieser Käpt'n mit seiner stümperhaften Einparkerei. Der schläft jetzt bestimmt in einem weichen Bett. Ich kann ihn echt nicht leiden.

Zum Henker noch mal, wann wird es endlich hell, damit ich aufs Klo kann?

6:26 Uhr

Ich streike. Mir gefällt es absolut nicht, hier im Sand Tagebuch zu schreiben. Der Wind verweht mir entweder die Haare, so dass ich nicht sehen kann, was ich schreibe, oder die Blätter im Tagebuch fliegen hoch.

MiTTWOCh, den 16. August

9:27 Uhr

Diesmal sitzen wir im Büro des Ober-Chef-Schiffsbau-ers, und wieder warten wir. Mir soll es recht sein. Der Tee und die Kekse mit Schokofüllung sind leckerer als vor-gestern. Ich fühle mich wie **gerädert** nach diesen zwei Gruselnächten, in denen ich kein Auge zugemacht habe. Nachher, wenn der ganze Spuk vorbei ist und die Yacht-wurst am klapprigen Holzsteg liegt, werde ich mich an Deck in die Hängematte knallen und erst mal **rich-tig ausschlafen**. Nichts als Möwen, Wind und Hin-und-her-Schaukeln. Ich kann es kaum erwarten.

10:24 Uhr

Leute, wir sind **immer noch** im Büro des Ober-Chef-Schiffsbauers. Mittlerweile ist meine Laune **ins Boden-lose** abgestürzt. Keine guten Neuigkeiten, wenn ihr mich fragt.

Am besten schildere ich euch mal genau, was sich hier vor zehn Minuten abgespielt hat. Macht euch selbst ein Bild.

Ober-Chef-Schiffsbauer: »Die Untersuchung auf dem Trockendock hat ergeben, dass das Holz der Yachtwurst an einigen Stellen mit **Bohrwürmern** durchsetzt ist. Dort ist es löchrig und morsch.«

Ich: »**Ihhh**, was für Würmer?«

Oma: »Heißt das, wir können die Yachtwurst noch nicht mitnehmen?«

Ober-Chef-Schiffsbauer: »Leider nicht. Dieses Schiff ist im Moment kein sicherer Ort. Die Yachtwurst ist alt und braucht eine **umfassende** Sanierung.«

Ich: »Ohhh, nein, tun Sie mir das bitte nicht an. Haben Sie keine besseren Nachrichten? Ich brauche dieses Schiff abends zum Einschlafen.«

Oma: »Was meine Enkelin sagen will, ist, dass wir sehr an unserer Yachtwurst hängen und uns freuen, wenn sie wieder seetauglich ist. Aber sagen Sie, wenn sie sowieso repariert werden muss, könnte man dann nicht gleich noch ein Unterwasser-Panoramafenster einbauen? Das wünsche ich mir schon so lange.«

Ich: »Oma, bitte jetzt bloß keine Extrawürste.«

Ober-Chef-Schiffsbauer: »Na klar können wir das machen. Es dauert dann zwar drei Tage länger, aber es wird sicher wunderschön.«

Ich: »Abgelehnt!«

Oma strahlte. »Fantastisch! Diese läppischen drei Tage machen uns doch nichts aus, nicht wahr, Rebella?«

Ich: »Und ob! Mir schon. Was ist, wenn es regnet?«

Oma: »Du brauchst keine Angst zu haben. Das kriegen wir hin. Wenn das passiert, schlafen wir im Meerestierkrankenhaus.«

Hoffentlich regnet es bald. Ich will nicht mehr am Strand schlafen.

23:23 Uhr

Ich bin es nicht gewohnt, so oft im Freien zu übernachten. Zu Hause habe ich ein eigenes Bett mit Bettwäsche, die ich mir selbst aussuchen durfte. Heute leuchtet nicht mal ein Stern, und der Mond kommt auch nicht raus, weil sich dicke Wolken davorgeschoben haben. Ich gebe es echt ungern zu, aber ich habe Angst, und die Angst hat mich. Und zwar so doll, dass ich jetzt zu Oma rüberrutsche und mich ganz dicht an sie herankuschele. Dann verschwindet die Angst sicher. Tschüss, bis morgen.

DONNERSTAG, DEN 17. AUGUST

18:23 Uhr

Bas, Bolle, Oma und ich sitzen am Strand. Wo auch sonst?
Ein Dach über dem Kopf haben wir ja im Moment nicht.
Aus der Zeitung liest Bolle das **Interview** vor, das Oma
neulich dem Reporter gegeben hat. Nun kennt die ganze
Welt unser Seepferdchen-Geheimnis. **Finde ich blöd.**
Mich stört auch, dass uns die vorübergehenden Leute
angaffen. Manche von ihnen erkennen Oma vom Zei-
tungsbild und sprechen sie auf die Seepferdchen an. Ich
klinke mich aus, weil ich nichts verraten will. Zum Glück
kann ich so tun, als wäre ich gerade total in mein Tagebuch **vertieft.**

19:16 Uhr

Vom Meer weht es kühl herüber. Die Jungs sammeln tro-
ckenes Schwemmholz, und Bas zündet ein **Lagerfeuer**
an. Krass, wie **grün** die Flammen sind. Das kommt vom
Meersalz auf dem Holz. Die Idee mit dem Feuer stammt
von Bolle, denn er hat eine Überraschung im Rucksack.
Mit beiden Händen holt er eine Schüssel raus. Darin

liegt ein unansehnlicher, klebriger brauner Klumpen ...
Brotteig.

Den haben wir geteilt und um **lange** Stöcke gewickelt. Bas' Klumpen ist in den Sand gefallen.

Er: »Macht nichts, schmeckt trotzdem.«

Typisch Bas, für den ist immer alles okay. Ihn scheint gar nichts zu stören. Das liegt bestimmt daran, dass er vier kleine Geschwister hat, die andauernd etwas anstellen. Also ich hätte das sandige Brot bestimmt nicht mehr gegessen.

Wenn man den Teig lange genug übers Feuer hält (nicht zu dicht, sonst verbrennt er), dann ... *hmm* ... *lecker*, gibt es dieses warme, knusprige Stockbrot.

Oma meinte: »Cheesy würde das Brot lieben, wenn sie hier wäre.«

Ich: »Ist sie aber nicht.«

Warum, zum Teufel, fängt sie jetzt mit Cheesy an?

Bolle: »Schade eigentlich. Wäre sie hier, hätten wir Käse dazu.«

So unrecht hatte er damit nicht. Käse und warmes Brot passen super zusammen.

Bas: »Ob sie uns auch vermisst?«

Ehrlich gesagt würde ich das auch gerne wissen. Ihr **Geheimnis** kann ihr doch nicht wichtiger sein, als mit uns abzuhängen.

Ich: »Wäre schon schön. Wir können sie ja anrufen und einen Termin ausmachen, haha, wenn wir Netz hätten oder ein Handy.«

Da ist es wieder, dieses **spezielle** Lächeln auf Omas Gesicht. Immer, wenn sie so lächelt, heckt sie etwas aus. Am liebsten würde ich fragen, was sie vorhat, aber darauf wartet sie ja nur.

21:34 Uhr

Bas und Bolle durften heute länger bei uns am Strand bleiben, weil der Käpt'n ihren Eltern versprochen hat, die beiden sicher nach Hause zu bringen. Das fanden die Jungs super, weil sie eine Sommernachtwanderung machen konnten, und ich finde es super, weil sie dadurch noch so lange bei mir waren. Nach der Nachtwanderung haben wir uns in den Sand gelegt, in den Himmel geschaut und ein Spiel gespielt: Derjenige von uns, der den ersten Stern entdeckte, hatte gewonnen. Aber das war heute wirklich nicht leicht, weil es ziemlich wolkig war. Wenn man sich ganz flach auf den Rücken legt, fühlt man die Wärme, die der Sand abstrahlt, wie eine Heizdecke. Das fühlt sich sehr schön an. Der Abendwind wehte kühl vom Meer rüber. An sich hätte der Abend echt gemütlich werden können, wäre der Käpt'n nicht schon so früh gekommen.

Mich hat es irgendwie gestört, dass Bas **sofort** aufgesprungen ist, um ihm entgegenzulaufen. Bas liebt es, neue Leute kennenzulernen, und er will immer gleich Freundschaft mit allen schließen. Am liebsten hätte ich ihm hinterhergerufen: Wer sind eigentlich deine **wahren** Freunde – wir oder **er**?

Aber das habe ich nicht gemacht, weil mir Bas gestern erzählt hat, dass sein Paps in der Fischkonservenfabrik arbeitet und selten etwas mit ihm unternehmen kann. Er hat sich schon immer einen Kumpel wie den Käpt'n gewünscht, der mit ihm Abenteuer erlebt.

Gleich als Erstes hat der Käpt'n so was gesäuselt wie: »Das mit der Yachtwurst tut mir schrecklich leid, Lilo.«

Oma: »Alles halb so schlimm. So komme ich endlich zu meinem Panoramafenster, auf das ich mich

schon riesig freue.
Schön, dass du vor-
beischaust, Käpt'n
Frieso.«

Ich: »Na ja, **ich**
finde es schon
schlimm, was du
der Yachtwurst
angetan hast.« Ich
habe ihm meinen
strengsten Blick auf
den Hals gehetzt (Hihi,
alles, nur nicht nett
sein!).

»Bitte entschuldige, Rebella«, antwortete er. »Um es
wiedergutzumachen, möchte ich euch morgen zu einem
Ausflug mit der Knutschkugel einladen. Was haltet ihr
davon?«

Spontan ist mir rausgerutscht: »Nichts!«

Während sich Bolle von Bas' Begeisterung zu einem
»Jaaaa!« anstecken ließ, habe ich immer wieder abgelehnt. *PFFF* ... Fällt mir ja im Traum nicht ein.

»Ich finde die Idee gut, mein lieber Käpt'n«, sagte
Oma.

Ich: »Keine Zusagen ohne Abstimmung, okay, Oma?
Wir sind ein **Team**. Wir entscheiden zusammen.«

Oma: »Der Mondfisch muss dringend in die Freiheit entlassen werden, Rebella. Das können wir doch morgen gemeinsam erledigen. Und dann dort am Strand übernachten. Ein bisschen Abwechslung tut uns gut. Käpt'n Frieso könnte das gleich mit den Eltern von Bas und Bolle besprechen.«

Als Käpt'n Frieso nickte, haben die Jungs gejubelt und sind ums Lagerfeuer herumgesprungen wie Piraten, die einen Schatz gefunden haben.

Käpt'n Frieso: »Ihr dürft aber morgen nicht vergessen, eure Schlafsäcke von zu Hause mitzubringen.«

Die beiden grölten: »Nein! Nein! Im Leben nicht!«

Oma: »Wenn ich mir die Jungs so anschaue, bist du wohl gerade vom Team überstimmt worden, Rebella.«

Worauf ich antwortete: »Weiß ich selbst. Aber das muss mir ja noch lange **nicht** gefallen.«

FReiTag, DEN 18. AUGUST

8:18 Uhr

Was ist denn heute mit Oma los?

»Wir gehen schick frühstücken«, hat sie gerade gesagt.

»Ja! Ja! Tausendmal ja! Ich bin so was von dabei«, habe ich direkt zugestimmt. Also, Leute, ich werde mir schnell den Sand aus den Klamotten klopfen, und dann kann's von mir aus losgehen.

12:35 Uhr

Also das war es, was Oma ausgeheckt hat, als sie gestern am Lagerfeuer so gegrinst hat: Sie wollte uns heute zum Frühstücken in den Käseladen von Cheesys Eltern schleppen. Keine üble Idee, auch wenn ich es gern vorher gewusst hätte.

Jedenfalls habe ich mich so gefreut, Cheesy wiederzusehen, dass ich glatt vergessen habe, beleidigt zu sein. Wir saßen an dem großen runden Tisch in der Ecke des Käseladens. Auch Bas und Bolle waren da, als Cheesy zu mir gesagt hat: »Komm mit, ich zeige dir mein Geheimnis.« Ich habe so getan, als ob ich mit ihrem Geheimnis schon längst durch wär. Sie sollte mich nicht für neugierig halten oder so. Aber ich habe entschieden, dass es nicht schaden kann, mal mitzugehen.

In der Käseküche hat sie einen Laib Frischkäse aus einem nassen Baumwolltuch gewickelt. Alles Weitere war dann ein Selbstläufer.

Cheesy: »Da ist es.«

Ich: »Was, echt jetzt? Das blasse weiche Ding da ist dein Geheimnis?«

Cheesy: »Das ist ein indischer **Paneer**. Der erste mit Algen. Ich habe die Rotalgen vom Markt in Balsamico-Sirup gekocht, dann ganz kleingehackt und dem Paneer hinzugefügt.«

Ich: »Sieht okay aus.«

Cheesy: »**Yummi**. Wollen wir ihn probieren?«

Ich: »Okay. Warum nicht?«

Cheesy hat den Algenpaneer in Würfel geschnitten und in eine Schüssel mit heißer Currysoße geworfen. **Hmmm** ... Schmeckte süß und cremig und **saulecker**.

Und zack! – hatten wir von jetzt auf gleich ein neues Geheimnis an der Backe, denn den anderen haben wir von unserer Paneer-Nascherei weder etwas abgegeben noch erzählt. In so einen **Geheimnisstrudel** gerät man schneller hinein, als man denkt. Da muss man höllisch aufpassen.

Das Käsefrühstück mit allen zusammen hat dann total viel Spaß gemacht, weil Cheesy und ich jetzt wieder beste **Freundinnen** sind. Ihre Mama hat uns eine große Kanne Chai spendiert. Ich habe noch nie so einen leckeren Tee getrunken, mit **Gewürzen** wie aus Aladins Welt: Ingwer, Pfeffer, Zimt und Kardamom (diese kleinen **grünen Böppel** kannte ich gar nicht). Und ihr? Schon mal Chai getrunken? Manchmal wüsste ich schon ziemlich gern, was ihr so denkt. Schade, dass man in so einem Tagebuch keinen Chat einrichten kann, damit ihr mir antworten könnt. Ein Computer ist eben durch nichts zu ersetzen. Na ja, ich muss jetzt los, wir legen gleich mit der Knutschkugel ab. Cheesy ist auch dabei.

21:47 Uhr

So ein Ausflug ist schon aufregend. Na, erpicht war ich ja nicht gerade auf die Ausfahrt mit der **Knutschkugel**.

Trotzdem fand ich es toll, dass wir gleich am Anfang den Mondfisch ins offene Meer gelassen haben. Zu sehen, wie er mit seiner verheilten Flosse in die Freiheit geschwommen ist, hat mich **glück-lich** gemacht. Den Jungs ging es auch so. Unten im Boot konnten wir ihm noch lange durch die große runde und gewölbte Glasscheibe beim Schwimmen zuschauen. Eine Rakete ist er nicht gerade, aber ein sehr faszinierendes Tier, dieser Mondfisch. Bei Cheesy sind sogar ein paar Glückstränen gekullert. Wäre mir auch fast passiert.

Gluck, gluck, gluck ... Mit einem U-Boot abzu-tauchen ist **aufregend** und auch ein

bisschen gruselig, weil es in der Tiefe dunkel ist. Wir sitzen ziemlich eng auf den Stufen oder dem halbrunden Vorsprung, der aus der U-Boot-Wand herausragt, während der Käpt'n und Oma vorn an der Scheibe in Sesseln sitzen, um die Hebel und Knöpfe zu bedienen. (Oma eher weniger. Sie drückt nur manchmal die Lichtschalter für die Außenscheinwerfer, wenn der Käpt'n das Kommando dazu gibt.)

Die Blautöne werden dunkler, je tiefer man taucht. Der Tiefenmesser hat an der tiefsten Stelle des Tauchganges zweiundfünfzig Meter angezeigt. Das ist schon ganz doll tief. Uns wurde auch richtig kalt im U-Boot, weil Tiefenwasser eiskalt ist. Trotzdem fühlen sich die Tiere da wohl. Nur dank des Scheinwerfers konnten wir sehen, was auf dem Meeresboden los war. Es war richtig bunt. Fische, Seesterne und Krebse sind überall herumgewuselt. Und Seegurken. Das sind witzige Dinger, die wie ein schwarzer Schlauch aussehen und die essbaren Teilchen vom Sandboden wie ein Staubsauger aufnehmen. Dann wurde es wieder heller, weil wir in flacheres Wasser kamen. Kurz bevor wir in Nordstrand auftauchen wollten, haben wir im Naturschutzgebiet ein riesengroßes Schneealgenfeld entdeckt. Oma war total begeistert, weil es so groß war. Sie wachsen also nicht nur auf unserer Algenfarm.

Cheesy: »Oma, wie ist das eigentlich, woher kommen neue Algen in der Nordsee? Aus dem Nichts?«

Oma: »Die meisten neuen Arten reisen als blinde Passagiere im Ballastwasser von Schiffsbäuchen von einem Ort zum anderen. Wird das Wasser im Hafen aus dem Schiff gepumpt, werden auch die Algen freigesetzt und siedeln sich an.«

Bas: »Ich würde auch gern als blinder Passagier durch die Welt schippern.«

Als wir in Nordstrand aufgetaucht sind, war es schon fast dunkel. Aber immer noch total schwül. Weil Bas geschwitzt hat, ist er gleich vom Steg aus ins Wasser gesprungen. Leute, ihr glaubt gar nicht, was so eine **Arschbombe** auslösen kann. Ein **Unterwasserblitzlichtgewitter** vom Feinsten ist losgegangen. Immer wenn sich Bas bewegt hat, blitzte und funkelte es **bläulich** um ihn herum. Soooo schön!!! Meeresleuchten nennt man dieses Licht.

Oma hat uns erklärt, was es mit diesem Geheimnis auf sich hat: »Es sind winzige Meeresleuchttierchen, die als Plankton im Wasser schweben und mit bloßem Auge nicht sichtbar sind. Wenn sie heftig durcheinandergewirbelt werden, senden sie ruckartig Licht aus. Und wenn das ganz viele auf einmal tun, ist das wie ein Blitzlichtgewitter.«

So was Cooles habe ich noch nie gesehen. Klar bin ich

auch reingesprungen. Auf die Tierchen ist Verlass. Auch bei mir haben sie geleuchtet. In dieser heißen Nacht haben wir im Meereslicht gebadet. Da kriegste echt zu viel (vor **Glück**, meine ich).

Die Unterwasserwelt überrascht mich immer wieder.

Später auf dem Steg haben wir drei uns abgetrocknet (Bolle, Cheesy und ich). Nur Käpt'n Frieso und Bas haben noch länger im Wasser herumgealbert. Sie machten den Blas eines Wals nach und gackerten wie verrückt. Ich finde, Bas könnte sich ruhig mal überlegen, wer seine **richtigen** Freunde sind. Er interessiert sich nur noch für den Käpt'n.

BLUBB

Mondfisch

Samstag, den 18. August

6:41 Uhr

Ich bin gerade am Strand aufgewacht, und die Sonne geht auf. Die anderen schlafen noch. Ich habe **Sand** im Mund. Das heißt, dass ich tief und fest geschlafen haben muss. Wäre ich wach gewesen, hätte ich den Körnern niemals den Zutritt erlaubt. Man gewöhnt sich echt an alles, sogar daran, am Strand zu schlafen.

Das Wasser und der Strand sind orange gefärbt von der aufgehenden Sonne. Die Luft ist hellblau.

»Alle aufwachen!«, rufe ich und **spucke** den Sand aus.

Bas und Bolle sind sofort wach. Cheesy schläft fest.

»Was ist?«, fragt Käpt'n Frieso und reibt sich die Augen. Blöderweise hat er Sand an den Händen und nun auch in den Augen. Er reibt und reibt.

Ich: »Wir müssen zurück. Heute können wir die Yachtwurst von der Werft abholen.«

Cheesy, die Tiefschläferin, nehmen wir natürlich auch mit. Aber die wach zu kriegen ist echte Schwerstarbeit. Ihre Knotenzöpfe sind voller Sand. Oma hilft ihr dabei, ihn loszuwerden.

Wir sind schon unterwegs nach Wellenstadt, aber vorhin ist echt noch was Schlimmes passiert. Der Käpt'n hatte die Knutschkugel schon abfahrbereit gemacht. **Alle** haben nur noch auf Bolle gewartet. Darum hat er sich beeilt und ist durch den Sand gerannt. Plötzlich ist er zusammengesackt und konnte nur noch humpeln. Wir haben einen Riesenschreck gekriegt und sind sofort zu ihm gerannt.

Seine Fußsohle blutete. Und zwar richtig stark. Bolle war **kreide-weiß**. Er kann kein Blut sehen. Oma hat den Verbandskasten aus der Knutschkugel geholt. Eine Glasscherbe, die ein unachtsamer Strandbesucher nicht weggeräumt hat, hat Bolle die Fußsohle aufgeschnitten. Da war so viel Blut im Sand. Richtig schlimm!

»Autsch! Autsch! Autsch!«, jammerte Bolle, als Oma die Wunde mit Trinkwasser säuberte. Armer Bolle!

Der Käpt'n hat Bolle in die Knutschkugel getragen, damit die Wunde nicht wieder schmutzig wurde. »Volle Fahrt voraus, Käpt'n!«, rief Oma. »Der junge Mann hier muss schnellstens genäht werden.«

Unterwegs hat Oma zweimal den Verband gewechselt,

weil er durchgeblutet ist. Bolle hat mir **super, super** leidgetan.

Komm-bald-wieder-Bolle-Eis

In Wellenstadt haben wir Bolle sofort zum Arzt gebracht. Die Wunde wurde genäht, und wir durften währenddessen **bei ihm** bleiben. Ich stelle mir das schrecklich schmerzhaft vor, wenn einem so eine Nadel in den Fuß sticht. Zum Glück wurde die Stelle vorher betäubt, sodass Bolle gar nichts gemerkt hat. Trotzdem ist Bolle **tapfer**. Doof ist, dass er die nächsten Tage nicht auftreten darf. Darum kann er auch **nicht** zur Algenfarm kommen. Es darf kein Dreck in die Wunde kommen.

Ein Krankenwagen hat Bolle nach Hause gebracht. »**Tschüss**, Bolle, wir werden dich vermissen.«

Als der Krankenwagen abgefahren war, wollte uns Oma gegen die Traurigkeit ein Komm-bald-wieder-Bolle-Eis ausgeben (Das erste Eis in meinen Ferien!). Und zwar drüben in der Eisdiele. Die blauen, grünen, roten, gelben und weißen Eisfarben leuchteten richtig.

Jeder durfte sich sogar zwei Kugeln aussuchen. Ich habe Schoko und Erdbeere genommen. Bas und der Käpt'n haben die gleichen Sorten genommen: Pfefferminz und Zitrone.

Dieser Käpt'n geht mir voll gegen den Strich, weil er alles **durcheinanderbringt**. Vor allem Bas. Während wir auf der Bank unser Eis gegessen haben, waren die beiden damit beschäftigt, für morgen eine Ausfahrt zu planen. *GEHT'S NOCH?*

Nicht nur, dass sie mich nicht mal gefragt haben, ob ich mitkommen will. Ich hätte sowieso nein gesagt. Sondern auch, dass Bas offenbar **völlig** vergessen hat, dass wir uns um die Algenfarm kümmern müssen. Schließlich holen wir nachher noch die Yachtwurst ab. Einer muss es ihm sagen.

Ich: »Du vergisst aber nicht, dass morgen die Farmarbeit auf uns wartet und Bolle krank ist?«

Bas überlegte.

Käpt'n Frieso: »Was hältst du davon, Rebella, wenn du Bas morgen ausnahmsweise für die Ausfahrt freigibst? Dafür kommen wir übermorgen zu zweit. Ich übernehme die Arbeiten von Bolle.«

Da ist mir der Kragen **geplatzt**.

Ich: »**Niemand** übernimmt den Teil von Bolle. Bolle ist nicht ersetzbar. Bolle hat einen festen Platz bei uns im Team und du nicht. Außerdem weißt du nichts über die Arbeit auf unserer Algenfarm und was dort für **be-sondere Geschöpfe** leben.«

Bas: »Der Käpt'n ist mein Freund! Ich kann nicht glauben, wie unhöflich du mit ihm sprichst. Tu nicht so, als hättest du schon immer alles über die Algenfarm gewusst. Du konntest am Anfang nicht mal schnorcheln und durftest trotzdem auf der Farm mithelfen. **Jeder** kann das lernen, auch Käpt'n Frieso. Und weißt du was? Mit jemandem, der so gemein zu anderen ist wie du, will ich nicht befreundet sein. Entweder du entschuldigst dich beim Käpt'n, oder ich komme auch nicht mehr.«

Ich: »Dann bleib doch bei deinem neuen Freund. Du kümmerst dich eh nur noch um ihn.«

Dann bin ich **abgehauen**. Bas kann mir mal den Buckel herunterrutschen. Ist doch wahr!

Von mir aus soll er doch wegbleiben. Pfff ... Mache ich die Arbeit eben selbst, kein Problem. Wer braucht ihn schon? Cheesy ist ja auch noch da. Wir Mädels wuppen das alleine.

Gerade sitzen wir im Warteraum der Werft und warten auf die Yachtwurst. Endlich kriegen wir sie wieder ...

22:04 Uhr

Leute, ich bin zu k.o., um heute noch viel von der Yachtwurst zu erzählen. Wir sind zurück am klapprigen Holzsteg. Oma hat die Yachtwurst fest vertäut. Das war ein ziemlich aufregender Tag, und ich liege schon auf meinem Bett. So viel kann ich aber schon mal verraten: Das Panoramafenster ist der Hammer! Vor allem deshalb, weil es in meiner Kajüte eingebaut wurde. Aber es ist schon zu dunkel, um draußen was zu erkennen.

Außerdem muss ich andauernd an den Streit mit Bas denken. Ich klinke mich für heute aus und schreibe morgen wieder.

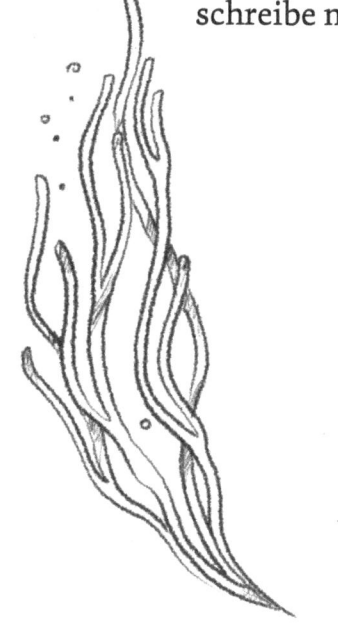

SONNTAG, den 20. AUGUST

11:04 Uhr

Weil heute Sonntag ist, machen wir einen Gammeltag zum Ausruhen. Wir haben lange geschlafen. (Toll, wenn man keinen Sand im Bett hat.) Auch wenn Schlafen am Strand vielleicht nicht mehr so schlimm ist wie am Anfang, brauche ich das echt nicht jeden Tag. Niemals hätte ich gedacht, dass ich mich mal so sehr über ein Schiff freuen könnte. Das Yachtwürstchen hat sich **heimlich** in mein Herz geschaukelt.

Seitdem wir mit dem Frühstück fertig sind, sitzen wir im Schlafanzug vor dem Panoramafenster und genießen die Aussicht in die Unterwasserwelt. Heute sind ziemlich viele Quallen unterwegs. Sie schwimmen, indem sie ihren Schirm zusammenziehen. Sieht schön aus, aber gegen die Strömung kommen sie nicht so richtig an.

Oma meinte eben: »Ich bin ganz gerührt. So ein Fenster habe ich mir schon wer weiß wie lange gewünscht. Der Ausblick ist herrlich.« Ihre Augen leuchteten, und Wasser war auch drin, sozusagen eine ganze Meereswelt.

Ich: »Wollen wir die Kajüten tauschen?«

Oma: »Nein, ich möchte, dass du es jetzt hast. Wenn deine Ferien vorbei sind, ziehe ich in diese Kajüte um.«

Da habe ich Oma ganz doll gedrückt. »Danke, du bist große Klasse, Oma.«

Ich finde das Fenster nämlich auch überirdisch toll. Es hat sich gelohnt, darauf zu warten.

Oma: »Danke auch dir, Rebella. Ohne dich und die anderen Farmhelfer würde der Unterwassergarten nicht so schön aussehen. Allein hätte ich es einfach nicht geschafft neben der Arbeit im Meerestierkrankenhaus.«

Dann hat sie mich auch gedrückt.

MONTAG, den 21. August

00:00 Uhr

Geisterstunde. Nach dem Abendessen, als es draußen richtig duster wurde, haben wir alle Lichter auf der Yachtwurst gelöscht. Oma und ich lagen nebeneinander in der Hängematte und haben in die Sterne geschaut. Eine Sternschnuppe nach der anderen fiel vom Himmel.

Oma: »Immer, wenn ein Stern ins Meer fällt, wird ein Seestern geboren. So sagt es eine Legende.«

Wie süß! Die Vorstellung gefällt mir. Dann werden nämlich heute ganz viele Seesterne geboren.

In einer Sternenschauernacht wie dieser muss man sich einfach was wünschen. Zuerst wusste ich nicht, was. Aber je mehr Sternschnuppen ich gesehen habe, desto klarer wurde mir, was ich mir am sehnlichsten wünsche. Nämlich, dass Oma die Farm behält. Das dürft ihr aber

RABÄH! BABY-Seestern!

niemanden verraten, sonst geht mein Wunsch nicht in Erfüllung.

Als uns kalt wurde, sind wir reingegangen. Das war ein schöner Gammeltag.

8:54 Uhr

Oma: »Ich gehe jetzt ins Meerestierkrankenhaus und sehe nach meinen Patienten. Kommst du allein zurecht?«

Ich: »Klaro! Cheesy kommt gleich. Dann machen wir uns an die Gartenarbeit.«

10:46 Uhr

Auf jemanden zu warten, hasse ich ja wie die **Pest**. Warum kommt Cheesy nicht?

Durch das Panoramafenster fällt mir erst so richtig auf, wie groß die Algenfarm ist. Ob das zu zweit so **easy peasy** zu schaffen ist? Puh, wir werden sehen.

Was macht denn der Riementang für komische Bewegungen im Wasser? Normalerweise fließt er wie lange Haare in der Strömung. Irgendwas hat sich in ihm völlig verheddert. Wir sollten uns dringend darum kümmern. Wo zum Teufel bleibt Cheesy?

12:46 Uhr

Ich bin knallesauer.

Meine neuen Freunde von der kanalaK können mir gestohlen bleiben. **Allesamt!**

Gerade war Cheesy da und hat Bescheid gesagt, dass sie die nächsten Tage im **KÄSELADEN** helfen will und deshalb nicht zur Farm kommt. Warum das denn? Hat sie keine Eltern, die den Laden schmeißen können, oder was? Hätte Cheesy gesagt, dass sie dort helfen **MUSS**, wäre das ja noch okay gewesen. Aber sie will es einfach so, ohne dass sie von ihren Eltern dazu gezwungen wurde. Ganz freiwillig, weil sie unbedingt Algenkäse herstellen will. Jedenfalls haben wir uns heftig gestritten. Ich habe ihr gesagt, dass sie eine richtig schlechte

großer
RIEMEN-
TANG-
Salat!

Freundin ist, wenn sie mich jetzt mit der Farm allein-
lässt. Und, was meint ihr? Ich bin doch eindeutig im
Recht, oder etwa nicht?

Hallo, denkt hier nur jeder an sich?

Anscheinend bin ich die Einzige, die verstanden hat,
wie wichtig es ist, sich um die Algenfarm zu kümmern.
Sollen sie doch alle bleiben, wo der Pfeffer wächst. Ich
schaffe das auch ohne sie. Ich gehe jetzt, um den Riementang zu entwirren.

Dienstag, den 22. AUGUST

9:24 Uhr

Es ist noch nicht mal zehn Uhr, und ich bin jetzt schon **fix und foxy**. Ich musste mich vorhin kurz in der Hängematte ausruhen. Dass ich die Gartenarbeit allein erledigen muss, ist höllisch anstrengend. Aber wenn ihr jetzt denkt, dass ich Bas oder Cheesy um Hilfe anbetteln werde, könnt ihr das **voll vergessen**. Ich schaffe das allein. Auch, wenn das echt die Hölle ist.

Und als ob die Farmarbeit nicht schon genug schlaucht, kommen auch noch andauernd Leute auf die Yachtwurst geschlichen und stellen mir Fragen zu den Seepferdchen. Daran ist nur dieser **unnütze** Zeitungsartikel schuld.

Sie fragen und fragen und fragen. Ob man die Seepferdchen streicheln darf? **(NEIN!)** Ob ich sie ihnen bitte mal zeigen könnte? **(NEIN!)** Ob sie auf der Algenfarm wirklich sicher sind? Gute Frage! (Wenn ich die Farm bewache, wahrscheinlich schon. Aber zeigt mir eine Menschenseele, die nicht mal aufs Klo oder zum Bäcker muss.)

Jeder könnte einfach zur Algenfarm schwimmen und

unter der Absperrung hindurch zu den Seepferdchen tauchen. Heute Abend muss ich unbedingt mit Oma darüber sprechen. Das ist ein echtes Risiko.

18:27 Uhr

Wenn Oma nicht so **dickköpfig** wäre, würden wir weniger streiten. Immer muss sie das letzte Wort haben.

Ich: »Es nützt nichts, Oma, wir müssen aus der Algenfarm ein Schutzgebiet machen und es noch mehr einzäunen.«

Oma: »No way! Diese Algenfarm ist eine Algenfarm und bleibt eine Algenfarm. Mit ihr versorgen wir die Einwohner von Wellenstadt mit Algen. Aber in einem Punkt stimme ich dir voll und ganz zu: Die Seepferdchen dürfen nicht gestört werden. Darum müssen wir bei der Ernte der Pfefferalgen vorsichtig sein.«

Ich: »Oma! Wir müssen die Seepferdchen richtig schützen und nicht nur vorsichtig sein. Ist das klar? Keine Zeitungsinterviews mehr! Ab sofort halten wir die Klappe darüber, was alles auf der Farm herumkroicht und -floicht. Je weniger Leute davon wissen, desto sicherer sind die Seepferdchen.«

Oma: »Im Gegenteil. Jeder muss davon wissen. Je mehr Menschen über die besonderen Lebewesen im Meer Bescheid wissen, desto mehr passen auch auf sie auf.«

127

Ich: »Jeder könnte mehr zum Schutz der Meere tun. Ich jedenfalls tue alles für diese Farm, was man von den anderen Gartenhelfern nicht unbedingt behaupten kann.«

Oma: »Vielleicht kannst du noch mal nachdenken, ob du dich ihnen gegenüber richtig verhalten hast.«

Ich: »Hab ich!«

Oma: »Ich weiß nur eins: Manchmal kommt es vor, dass man aus Versehen im Unrecht ist, obwohl man meint, im Recht zu sein. Eine gute Entschuldigung unter Freunden hat noch nie geschadet.«

Versteht ihr jetzt, was ich vorhin meinte? Sie hat immer das letzte Wort. Was soll ich bitte schön darauf antworten?

Mittwoch, den 23. August

16:25 Uhr

Viel zu tun. Kann heute nicht schreiben.

Ich könnte echt eure Hilfe gebrauchen. Die Adresse habt ihr ja. Bitte kommt vorbei, wenn ihr Zeit habt.

DONNERSTAG, den 24. August

10:02 Uhr

Immer, wenn man absolut keine Zeit hat, kommt garantiert einer angedackelt und will was. Und dann auch noch ausgerechnet er – der Käpt'n. Nach wie vor bin ich nicht gut auf ihn zu sprechen, weil er mir den Streit mit Bas eingebrockt hat. Darum kann ich meine Augen **nicht** davon abhalten, sich nach oben zu verdrehen.

Er: »Hallo, Rebella. Das Meerestierkrankenhaus lässt fragen, ob du einen großen Korb Riementang schicken könntest. Sie wollen Spaghetti für die ganze Mannschaft kochen.«

Ich: »Ich kann nicht alles machen. Im Meersalatbeet muss noch gejätet werden. Außerdem kann man Riementang nicht allein ernten, weil er so lang ist und wegschwimmt. Einer muss ihn schneiden, der andere muss ihn in den Erntesack stopfen. Und wie du siehst, bin ich allein auf der Farm.«

Er: »Ich könnte dir helfen.«

Ich: »Pfff ... Hast du das schon mal gemacht?«

Er: »Zeig's mir einfach.«

Kann er haben. Der wird sich ganz schön umgucken.

130

Auf einer Algenfarm kann man nämlich nicht einfach ein paar Hebel ziehen oder Knöpfe drücken wie im U-Boot.

14:37 Uhr

Gemeinsam haben wir den Korb vollgekriegt. Der Käpt'n hat den Tang sofort ins Meerestierkrankenhaus gebracht. Ich freue mich, dass die Mitarbeiter frische Meeresspaghetti zum Mittag bekommen haben. Das ist ein tolles Gefühl. Manchmal scheint der Käpt'n gar nicht so übel zu sein.

Morgen ist Markttag. Aber ich habe es nicht geschafft, alles vorzubereiten. Ich werde morgen Früh versuchen, noch schnell die Algen dafür zu ernten.

FREITAG, DEN 25. AUGUST

11:23 Uhr

Es ist zum Verrücktwerden mit der Strömung. Dagegen anzuschwimmen hat mich total erledigt. Ich wollte Algen ernten, bin aber immer wieder weggetrieben. Ich habe nur ein paar wenige Exemplare in den Körben. Es lohnt sich nicht, sie auf den Markt zu bringen. Zumindest habe ich das Oma gesagt, die mir gerade Kartoffelpuffer auf den Tisch stellt.

Oma: »Es gibt Leute, die von weit her anreisen, um die Algen unserer Farm auf dem Markt zu kaufen. Die werden enttäuscht sein.«

Ich: »Das brauchst du mir nicht zu sagen, Oma. Das weiß ich selbst. Wenn mir jemand helfen würde, hätten wir das Problem nicht.«

Oma: »Dann bitte die anderen Gartenhelfer um Hilfe.«
Ich: »Wer? Ich?«

Oma: »Du kämpfst wie eine Löwin, um die Arbeit auf der Farm allein zu schaffen. Das ist bewundernswert und mutig. Aber wer seine Freunde um Verzeihung oder Hilfe bitten kann, ist noch mutiger.«

Schon wieder hat sie das letzte Wort. Ja, ich vermisse

132

meine Freunde. Wie gern würde ich jetzt Cheesys Haare flechten oder mit Bas am Strand um die Wette rennen oder herumblödeln. Lachen ist toll. Das alles fehlt mir. Wirklich zu blöd, dass wir uns gestritten haben. Ehrlich gesagt würde ich ihre Entschuldigung annehmen, wenn sie angekrochen kämen.

Wie es wohl Bolle geht? Ob seine Schnittwunde gut heilt? Wisst ihr was? Ich werde ihn besuchen. Schließlich habe ich mich mit ihm nicht zerstritten. Außerdem muss ich dringend mal raus, sonst kriege ich noch einen Kajütenkoller. Das kann's ja auch nicht sein.

Samstag, den 26. August

7:06 Uhr

Während ich zum Panoramafenster rausschaue, muss ich daran denken, wie **lustig** der Nachmittag gestern bei Bolle war. Er kann noch nicht auftreten. Darum ist er überallhin auf einem Bein gehüpft, sogar bis in die Küche, wo seine Mama **Waffeln** für uns gebacken hat. Nicht schlecht.

Aber was ist denn da mit den Schneealgen los?

»Oma! Schnell! Komm sofort hierher! **Omaaaaaaaa!**«

PFEFFER-algen

!?!?!

Schneealgen

7:42 Uhr

Ich komme gerade aus dem Wasser. Was für eine Katastrophe! Ganze Büschel Pfefferalgen samt Schneealgen wurden **abgeschnitten**. Ein glatter Schnitt wie mit einer Rasierklinge. Und Oma ist nicht an Bord. Ich habe keine Ahnung, ob die Seepferdchen **vollständig** sind. O Gott, wie schrecklich! Weil ich nicht weiß, wie viele es waren, kann ich auch nicht sagen, ob welche fehlen. Es sind jedenfalls noch welche da. Aber was ist, wenn einigen von ihnen etwas Schlimmes zugestoßen ist? Ich könnte heulen und fluchen zugleich. Was mache ich denn jetzt?

Durchatmen. Am besten, ich schaue noch mal nach, wie es ihnen geht. Und auch, ob vielleicht welche in die anderen Algenbeete geflüchtet sind.

8:18 Uhr

Ich mache mir Sorgen. Darum gehe ich jetzt ins Meerestierkrankenhaus und hole Oma da raus. Schließlich haben wir hier eine **Notfallsituation**.

Oh nein! Oma ist auf **hoher See**. Krakenpfleger Farid hat mir gesagt, dass sie mit Käpt'n Frieso auf dem Weg nach Amrum ist, weil dort eine Lederschildkröte aus einem umhertreibenden Geisternetz befreit werden muss.

Okay. Das ist auch wichtig. Aber ich brauche Hilfe – und zwar sofort. Oma hat gesagt, dass es mutig ist, um Hilfe zu bitten. Darum gehe ich jetzt zur **Polizei**. Schließlich sind wir beklaut worden.

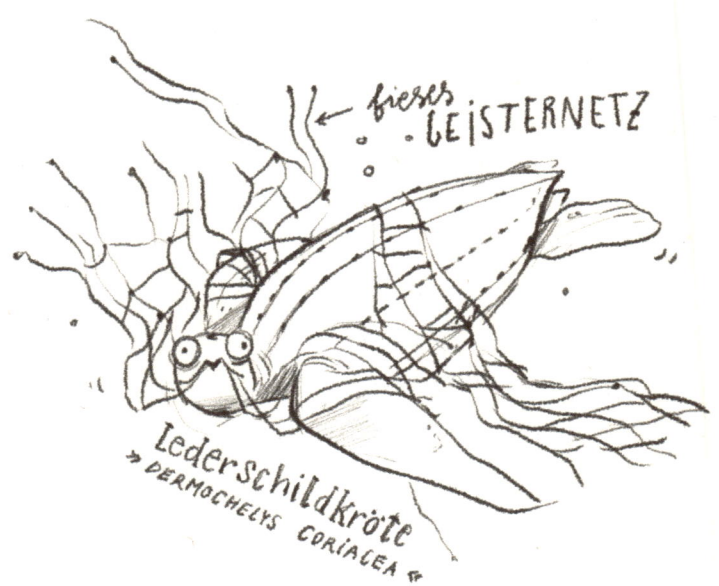

← fieses **GEISTERNETZ**

Lederschildkröte
→ DERMOCHELYS CORIACEA ←

12:43 Uhr

Der Polizist verspricht, mehrmals am Tag an unserem Strandabschnitt nach dem Rechten zu sehen. Mehr können sie im Augenblick nicht unternehmen, weil man unter Wasser **keine** Fingerabdrücke sicherstellen kann. Das leuchtet mir ein. Aber eins ist glasklar: Die Farm muss bewacht werden, und das können Bolle, Cheesy und ich am besten. Na ja, und Bas eigentlich auch. Niemand kennt die Farm besser als wir und erkennt auf Anhieb, wenn sich dort irgendwas verändert hat.

21:14 Uhr

Oma hat mich ernst angeschaut, als ich ihr die schlimmen Neuigkeiten erzähle.

Oma: »Lass uns jetzt Ruhe bewahren. Aber du hast recht, wir müssen der Sache nachgehen. Den Seepferdchen darf **nichts** geschehen.«

Ich: »Bolle ist noch außer Gefecht gesetzt. Darum werde ich Cheesy bitten, mit mir Wache zu stehen.«

Oma: »Gute Idee.«

Sonntag, den 27. AUGUST

8:04 Uhr

Von der Yachtwurst aus sehe ich ein Polizeiauto langsam am Strand entlangfahren. Ich bin echt froh, dass sie vorbeischauen.

17:22 Uhr

Ich habe heute Cheesy im Käseladen besucht. Und was soll ich euch sagen? Es war gar nicht so schwer, sie um Hilfe zu **bitten**. Aber sich zuerst bei ihr zu entschuldigen hat sich angefühlt, wie auf Stroh zu kauen: trocken und zäh, und das Tut-mir-leid-dass-ich-das-gesagt-habe hat mir **heftig** in die Zunge gestochen. Aber danach war wieder alles gut, weil Cheesy mich **umarmt** hat. Ich habe ihr gefehlt, hat sie gesagt. Und dass sie meine richtige Freundin sein will. Dann hat sie mir eine große Tüte Käsewürfel gegeben. Damit war die Sache zwischen uns wieder **in Butter.** Und weil sie eine richtige Freundin ist, macht sie sich genauso große Sorgen um die Seepferdchen wie ich.

MONTAG, den 28. August

9:24 Uhr

Bereits im **Morgengrauen** habe ich mir im Sand eine Kuhle gegraben. Ein windgeschütztes Versteck, um die Farm vom Strand aus zu beobachten. Klar könnte ich den Dieb durch das Panoramafenster sehen und hätte es gemütlich dabei. Aber dann wäre er schon zu nahe an den Seepferdchen dran. Besser, ich erwische ihn vorher, wenn er sich auf den Weg zu ihnen macht.

Nun liege ich hier seit sieben Uhr auf der Lauer. Aber außer, dass sich Möwen um Fische streiten, passiert rein gar nichts. Allein ist Wacheschieben total öde. Trotzdem **muss** ich durchhalten. Schließlich geht es hier um eine große

Sache: die Sicherheit der Seepferdchen. Dafür tue ich alles.

Von hinten nähert sich eine verdächtige Person. Ich muss abtauchen und später weiterschreiben.

11:56 Uhr

Zum Glück war die verdächtige Person nur Cheesy. Ehrlich gesagt hätte ich gar nicht gewusst, wie ich den Dieb hätte fangen sollen. Uns beiden wurde klar, dass wir mindestens zu zweit sein müssen, um die Farm zu bewachen. In einer Box hat Cheesy grünen Meersalat mit schwarzem Sesam mitgebracht, und obendrauf liegen köstliche Stücke von gebackenem Paneer. Ein **Traum**-Mittagessen (Sogar der Meersalat war lecker!).

Außerdem dämmert uns, dass unser Gartenhelfer-Wachdienst ohne Bas und Bolle nicht funktioniert. Wir Mädchen müssen uns mit den Jungs abwechseln, damit niemand den ganzen Tag im Sandloch liegen muss.

Cheesy: »Es nützt nichts, Rebella, du musst dich mit Bas wieder vertragen.«

Ich: »Das ist leichter gesagt als getan. Er ist stocksauer, weil mir was Gemeines zum Käpt'n **herausgerutscht** ist.«

Cheesy: »Ich weiß. Aber wie denkst du heute darüber?«

Ich: »Na ja, der Käpt'n hat mir bei der Algenernte für das Meerestierkrankenhaus geholfen. Das war schon **nett**. Vielleicht fand ich es einfach nur doof, dass Bas mehr Spaß mit ihm hatte als mit mir.«

Cheesy: »Ist doch nichts dabei, wenn er den Käpt'n mag. Bas findet es einfach schön, dass jemand Zeit mit ihm verbringt. Geh zu ihm. Vertragt euch. Ich weiß, dass du ihm fehlst.«

Ich: »Woher?«

Cheesy: »Er hat es mir gesagt, als er vorgestern bei mir im Laden war. Geh schon. Tue es für die Seepferdchen.«

21:04 Uhr

Wow, war ich vielleicht aufgeregt, als ich mich mit Bas getroffen habe. Ich liege im Bett und denke darüber nach. Es hat mich echt Überwindung gekostet.

Es hat schon eine halbe Ewigkeit gedauert, bis ich mich auch nur getraut habe, auf diese Höllen-Türklingel zu drücken.

Als wir uns dann gegenüberstanden, hat erst mal keiner ein Wort rausgebracht. Meine Kehle war wie zugeschnürt und mein Mund trocken, als hätte ich salzigen Sand gekaut. Meine Hände haben geschwitzt.

»Schön, dass du da
bist«, hat Bas dann
irgendwann gesagt.
Ich: »Finde ich
auch. Ich hätte
schon längst vor-
beikommen kön-
nen.«

Bas: »Ja, hättest du.«

Ich: »Du, Bas, ich möchte
mich entschuldigen. Neulich war ich
echt gemein. Das tut mir leid.«

Bas: »Ich bin froh, dass du gekommen bist. Ich hab
auch schon überlegt, zu dir zu kommen, habe mich aber
nicht getraut, weil du manchmal ziemlich bockig und
gemein sein kannst. Ich hatte Angst, du schickst mich
weg oder bist abweisend zu mir.«

Ich: »Nee, ich hätte mich ehrlich gefreut, dich zu sehen.«

Bas: »Komm rein.«

Ich: »Ich bin saufroh, dass du mein Freund bist.«

Er lächelte mich strahlend an.

Bas: »Ich auch, Sprotte. Sag mal, geht es, dass du zum
Käpt'n genauso nett bist wie zu mir? Er ist mein Kum-
pel und du auch. Ich möchte, dass sich meine besten
Freunde untereinander vertragen. Geht das?«

Ich: »Also, wenn **wir beide** deine besten Freunde sind, spricht eigentlich nichts dagegen. Ich kann's ja mal versuchen.«

Das war's eigentlich mit unserem Streit, und dann haben wir rumgealbert wie immer. Morgen kommt Bas zur Farm und hilft mir bei der Wache. Ich kann jeden brauchen, der Augen hat und aufpassen kann, dass sich niemand den Seepferdchen nähert. Er ist ein echter Freund. Ich kann euch gar nicht sagen, wie froh ich bin, dass wir das bereinigt haben.

Dienstag, den 29. August

7:47 Uhr

Schon vor sieben Uhr ist Oma mit zwei Tassen Pfefferminztee in meine Kajüte gekommen. Das macht sie sonst **nie**! Sie sah bedrückt aus. Wir haben uns vor das Panoramafenster gesetzt und den Fischen zugeschaut.

Ich: »Oma, was ist los? Hast du was auf dem Herzen?«

Oma: »Ja, schau dir diese Schönheit, diesen Reichtum an.«

Ich: »An jeder Alge und unter jedem Stein wuselt und wimmelt es.«

Oma: »Die Unterwasserwelt ist bunt, voller Leben und gefährdet wie nie, überfischt, vermüllt und verseucht zu werden. Manchmal mache ich mir Sorgen um all das. Heute ist so ein Tag. Ich wünsche mir, dass diese Farm ein kleines bisschen dazu beiträgt, dass die Menschen mit dem Meer in Frieden leben. Ich wünsche mir, dass sie es nutzen, ohne ihm zu schaden. Da draußen warten noch so viele Wirkstoffe darauf, erforscht zu werden, um Krankheiten zu heilen. Das Meer gesund und munter zu halten, lohnt sich also. Und wenn ich an die ganzen Köstlichkeiten denke, die im Wasser wachsen! Viele Menschen könnten sich davon ernähren. Ich wünschte, die Menschen würden den Ozean mehr respektieren.«

Ich: »Aber genau das kriegen sie nicht gebacken. Denk doch an die Schneealgen und Albino-Seepferdchen. Die Lebewesen geraten wegen uns Menschen in Gefahr. Wenn ich könnte, würde ich das **ganze** Meer auf der **ganzen** Welt bewachen lassen.«

Oma: »Das geht aber nun einmal nicht. Vielmehr muss jeder von sich aus achtsamer sein.«

Ich: »Oma, ich will nicht, dass du die Farm weggibst. Die Seepferdchen sind bei dir in guten Händen.«

Oma: »Weil es immer mehr verletzte Meerestiere gibt und ich im Krankenhaus gebraucht werde, kann ich die Seepferdchen hier auf der Farm nicht so beschützen, wie ihr das gerade tut. Wir müssen uns dringend um einen Platz für sie kümmern, wo sie in Zukunft ungestört leben können, denn die Algenfarm ist ein Nutzgarten und kein Schutzgebiet.« Oma seufzte und streichelte mir über den Arm.

Ich: »Ich kann doch meine Seepferdchen nicht einfach so wegschicken! Wer passt dann auf sie auf? **Wir** sind nun einmal die Beschützer der Seepferdchen. Versteh das doch, Oma.«

Da konnte ich nicht mehr anders, ich habe angefangen zu weinen. Der Gedanke, das alles aufzugeben, ist mir unerträglich. Oma hat noch einmal geseufzt, mich in den Arm genommen und getröstet. Das tat gut.

Und dann hat sie gesagt: »Ich weiß, wie dir zumute ist, Rebella. Aber hinzu kommt, dass ihr bald wieder zur Schule geht und niemand mehr hier sein wird, der die Seepferdchen bewachen kann.«

Ich: »Ich habe solche Angst um sie.«

Oma: »Ich weiß. Darum ist es auch so wichtig, einen Ort zu finden, von dem du weißt, dass die Seepferdchen dort sicher sind.«

Ich: »Ich denke darüber nach, Oma. Versprochen! Aber im Moment fällt es mir schwer, und ich kenne auch keinen Ort, wo sie besser aufgehoben wären als bei mir.«

Sie ist aufgestanden und hat mir einen dicken Schmatz auf den Seitenscheitel gedrückt.

»Hab dich auch lieb, Oma.«

11:24 Uhr

Wer Cheesys selbstgemachte Algen-Eiscreme nicht kennt, hat die Welt verpennt. Sie riecht nach Salz und Honig und schmeckt nach süßer Sahne, salzigem Karamell und kleinen Stückchen knusprigem Blasentang. Hmmm ... Crunchy, toll. Ich könnte mich reinlegen. Ohne die Eiscreme wäre das Bewachen der Farm ziemlich langweilig. Immer nur aufs Wasser starren und auf die Leute achten, ob sich jemand der Farm unerlaubt nähert. Es gibt wirklich Spannenderes! Aber für meine Seepferdchen mache ich absolut alles, auch wenn es noch so langweilig ist.

Das Wichtigste ist, dass wir wieder alle zusammen sind, hier an Deck der Yachtwurst. Sogar Bolle ist gekommen. Seine Mama hat ihn mit dem Auto hergefahren. Ich dachte, ich sehe nicht richtig, als er mit seinem schneeweißen Verband und Krücken auf dem klapprigen Holzsteg stand.

»Jetzt fehlt nur noch der Käpt'n. Dann sind wir vollzählig!«, hat Bas gerufen.

Ja, das wäre wirklich nicht schlimm, hab ich da gedacht. Irgendwie gehört er mittlerweile dazu.

13:22 Uhr

Während wir noch mehr von Cheesys Eis schleckten, habe ich meinen Freunden von der Umsiedlung der Seepferdchen erzählt.

Erst mal waren alle still. Niemand fand das gut. Aber Bolle hat dann damit angefangen, dass er eigentlich einsieht,

BLASENTANG

warum das notwendig ist. Außerdem könnte er in der Schule nicht gut mitdenken, wenn er immer um die Sicherheit der Seepferdchen besorgt sein müsste.

Ich habe mir dann vorgestellt, was wäre, wenn ich ganz weit weg in München bin und ständig daran denken muss, ob sich jemand zur Farm schleicht. Bolle hat recht. Sie nicht umzusiedeln ist auch keine Lösung. Alle sind traurig darüber. Es ist wirklich verzwickt.

»Aber wohin können wir sie bringen? Wo sind sie sicher?«, hat Cheesy gefragt. (Das hatte ich auch gerade überlegt.)

»Was haltet ihr davon, wenn ich Käpt'n Frieso frage, ob er eine gute Stelle weiter draußen auf dem Meeresgrund kennt? Wenn jemand den perfekten Ort kennt, dann er. Schließlich kommt er mit der Knutschkugel ziemlich weit herum«, hat Bas geantwortet.

Ich: «Das ist eine gute Idee.«

Mittwoch, den 30. AUGUST

10:22 Uhr

Ich habe mir vorgenommen, für meine Klassenkamera-
den am ersten Schultag Meeresspaghetti mit Tomatensoße zu kochen. Damit sie mal erfahren können, was Algen sind und dass man die essen kann. Oma hat gesagt,
ich soll sie heute ernten und zum Trocknen in den Wind
hängen. So macht man sie haltbar. Getrocknet
sind sie ganz leicht. Später wirft man sie ins
heiße Wasser, und sie saugen sich mit Wasser
voll und nehmen ihre natürliche Form an.
Hört sich ein bisschen wie Zauberei an. Aber
ich glaube meiner Oma. Die anderen werden
Augen machen. Und das Gute ist: Beim Ernten kann ich die Farm im Blick behalten.

13:41 Uhr

Ich komme gerade aus dem Wasser. Nach
der Riementang-Ernte habe ich noch kurz
einen Abstecher zum Pfefferalgenbeet
gemacht, um nach den Seepferdchen

zu sehen. Der Grund war,
dass ein Kajak ziemlich nahe
über ihnen hinweggepaddelt
ist. Ich war unsicher, ob jetzt
noch mehr Algen fehlen. Darum bin ich
dem Kajak hinterhergeschnorchelt. Ich
wollte ins Boot schauen, ob da welche
liegen. Aber das Kajak war schon weg.
Oma hat recht. Die Seepferdchen sind auf
der Farm nicht sicher.

20:12 Uhr

Heute Abend zeichne ich mal,
was wir gemacht haben.

Team
Rebella & Bas:
ERNTE

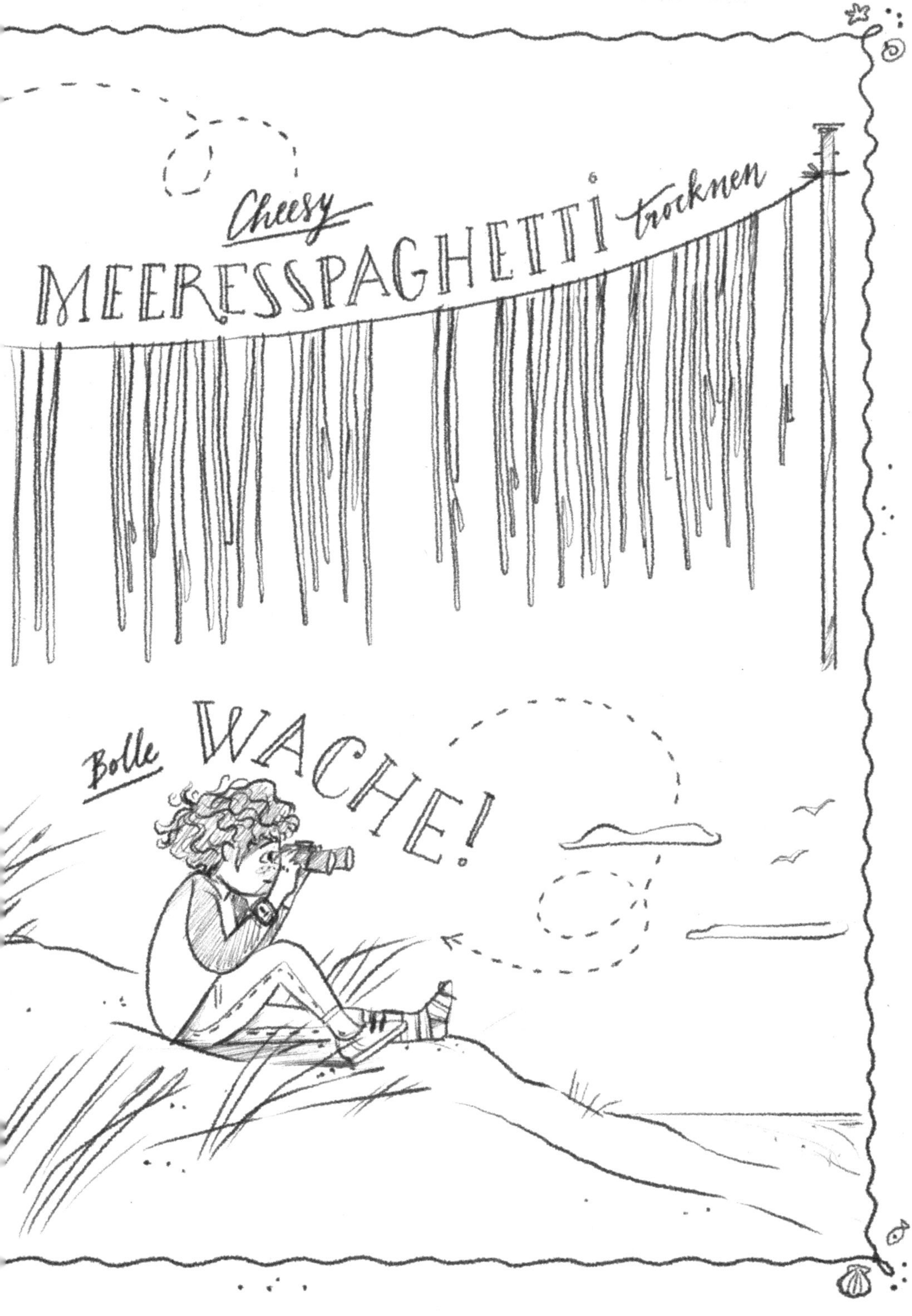
Cheesy
MEERESSPAGHETTI
trocknen
Bolle
WACHE!

Donnerstag, den 31. August

Heute verwöhne ich Oma. Auf der Intensivstation des Meerestierkrankenhauses hat sie die ganze Nacht einen **Glattrochen** bewacht. Darum habe ich ihr gerade einen heißen Kakao ans Bett gebracht und eine Brezel mit grüner Algenbutter bestrichen (super Farbe und schmeckt gar nicht übel). Danach ist sie gleich eingeschlafen.

Der Glattrochen war versehentlich in das Netz eines Fischers geschwommen. Obwohl ihn der Fischer sofort freigelassen hat, war der Rochen ziemlich gestresst und hatte Schwierigkeiten, sich zu orientieren. Darum ist er an der Wasserober-fläche umhergeirrt. Damit ihm nichts passiert, hat ihn der Fischer sicher-heitshalber zur Be-obachtung zu Oma ins Meerestierkrankenhaus

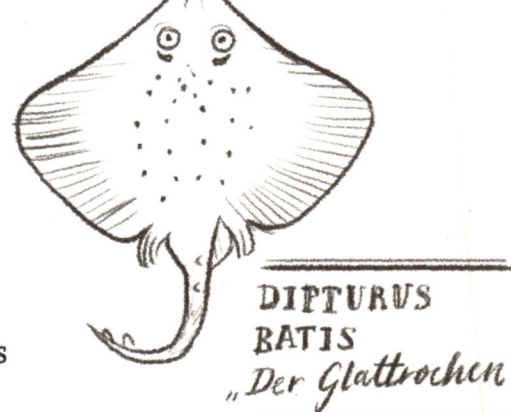

DIPTURUS BATIS
„Der Glattrochen"

154

gebracht. Er hat nichts gefressen. In dem dunklen Becken, in dem er dann ganz allein war und von niemandem gestört wurde, ist er zur Ruhe gekommen. Erst als er gefressen hat, wusste Oma, dass es ihm wieder besser ging, und Käpt'n Frieso konnte ihn ins Meer zurückbringen.

Um das Leben jedes einzelnen Glattrochens muss gekämpft werden, hat Oma gesagt, damit er nicht **aus-stirbt**. Er steht auf der **Roten Liste** gefährdeter Arten. Von Lebewesen, die da draufstehen, gibt es nur noch ganz wenige Exemplare.

Niemals dürfen meine Seepferdchen auf dieser Liste landen. Niemals. Dafür müssen wir alles tun.

14:14 Uhr

Gerade als ich für Bolle den Glattrochen so aufgemalt habe, wie ich ihn heute Morgen in Omas Buch gesehen habe, ist eine Frau auf die Yachtwurst gekommen. Sie heißt **Amanda** und wollte mit Oma sprechen. Ich habe sie weggeschickt, weil Oma nicht gestört werden sollte. Irgendwoher kenne ich die Frau. Aber mir fällt nicht ein, wo ich sie schon mal gesehen habe.

15:02 Uhr

Amanda ist noch mal vorbeigekommen. Ihr gehört eine kleine Werkstatt neben der Fischkonservenfabrik. Dort stellt sie Naturkosmetik und andere Bioprodukte aus Algen her, sagt sie. Cheesy findet das interessant. Die Frau möchte **unbedingt** mit Oma darüber sprechen. Ich habe sie gefragt, was meine Oma mit Zahnpasta und Gesichtscreme am Hut hat. Schließlich hat sie Wichtigeres zu tun. Sie rettet Meerestiere. Darauf hatte die Frau keine Antwort. Jetzt weiß ich aber, woher ich sie kenne. Vom ersten Markttag. Sie hatte den Stand gegenüber.

18:12 Uhr

Inzwischen sind Bas und Bolle an Bord gekommen. Meine Wache ist vorbei, und ich liege in der Hängematte und denke über den Tag nach. Amanda war ziemlich **hartnäckig** und tauchte kurz nach vier Uhr schon wieder auf. Diesmal hatte sie Glück. Oma hat ihr Tee und Kekse angeboten und sich alles über selbstgemachte Seifen, Cremes und Zahnpasta angehört. Oma war hin und weg, dass Amanda einen Algenschrebergarten sucht, um aus diesen natürlichen Rohstoffen ihre Produkte herzustellen. Oma hat immer so was gesagt wie: »Das könnte ich mir gut vorstellen. Ich finde, das ist eine ausgezeichnete **Idee**. Willst du noch einen **Tee**? Wann kann ich dir alles zeigen?«

Als Amanda dann meinte: «Von mir aus **sofort**«, habe ich die Bremse gezogen. Mir ging das nämlich alles **viel** zu schnell. Und ein Blick zu Bas, Bolle und Cheesy verriet mir, dass sie genauso dachten.

Ich: »Stopp, Oma, wir sind auch ein Teil dieser Farm. Darum sollten wir das erst einmal unter uns besprechen.«

Oma: »Wo du recht hast, hast du recht. Amanda, ich möchte das erst mit meinem Team abklären. Könntest du morgen noch einmal wiederkommen?«

Als Amanda dann weg war, sind wir, die Algenfarmer, zum Strand marschiert, um ein Team-Meeting abzuhalten. Hier in Kurzform, wie es gelaufen ist:

1. Erst mal haben wir überlegt, wie Oma die Farm ohne fremde Hilfe weiterführen könnte.
2. Wir haben uns den Kopf zerbrochen, weil Oma sich nicht zerteilen kann. Sie sagt, dass das Meerestierkrankenhaus sie dringender braucht.
3. Wir haben Oma dann so eingeplant, dass sie tagsüber auf der Algenfarm arbeitet und nach dem Abendessen Nachtschicht im Meerestierkrankenhaus macht. Wir fanden, so könnte es funktionieren.

4. Oma hat abgelehnt, weil sie irgendwann auch mal schlafen muss. Sie hat noch mal klar gesagt, dass sie die Farm unbedingt abgeben möchte, und zwar nur an jemanden, der sie zu schätzen weiß.

5. Dass die Farm einem Fremden gehören soll, stört uns alle gewaltig. Ich weiß genau, dass Oma dabei an Amanda denkt. Aber ich traue ihr einfach nicht so richtig über den Weg.

6. Oma bittet uns, zu überlegen, welche Voraussetzungen der neue Farmbesitzer mitbringen muss, damit wir zustimmen.

7. Wir schreiben eine Liste.

8. Aber eins ist uns total wichtig: Bevor die Farm übergeben wird, müssen die Seepferdchen umgesiedelt sein und woanders in Sicherheit leben. In diesem Punkt sind wir uns mittlerweile alle einig, auch wenn ich den Gedanken daran schlimm finde.

FREITAG, DEN 1. SEPTEMBER

22:11 Uhr

Weil mich Amanda nach meiner Meinung zu ihrer Algen-Zahnpasta gefragt hat, habe ich mir heute Abend die Zähne damit geputzt: leicht salzig und fluffig, macht wenig Schaum.

Eigentlich könnte Amanda ganz nett sein, wenn sie es nicht so hartnäckig auf unsere Algenfarm abgesehen hätte. Das macht sie verdächtig, finde ich. Denn dass sie sich so eisern dahinterklemmt, könnte bedeuten, dass sie die Algen geklaut hat. Schließlich kann sie sie gut gebrauchen. Wenn ich es mir genau überlege, ist Amanda sogar die Hauptverdächtige. Bis ich ausschließen kann, dass sie die Diebin ist, möchte ich auf keinen Fall, dass Amanda die Algenfarm bekommt. Tja, und wie kriegt man am besten raus, ob sie was damit zu tun hat? Richtig. Man schnüffelt ihr nach, schleicht ihr hinterher oder belauscht sie heimlich. Nur ein bisschen, um Informationen abzugreifen. Ich brauche Gewissheit, und zwar schnell. Das werde ich gleich morgen Früh in Angriff nehmen.

Gäääähn!

SAMSTAG, den 2. September

6:11 Uhr

Okay, Leute, es geht los! Auf Zehenspitzen schleiche ich mich jetzt von Bord und suche Amandas Werkstatt. Drückt mir die Daumen. Ich weiß zwar nicht genau, wo sie ist. Aber ich kenne den Weg zur Fischkonserven-fabrik. Irgendwo daneben muss sie sein. Das finde ich schon! Haut rein! Ich melde mich später.

10:04 Uhr

Ich bin total aufgeregt. Ihr glaubt nicht, was ich raus-gekriegt habe. Das haut euch um! Jetzt suche ich mir schnell ein Plätzchen am Strand, wo ich mich kurz aus-ruhen kann, bis meine Beine aufhören zu zittern.

10:23 Uhr

ALSO: Ich schreibe schnell, was passiert ist.

Zuerst habe ich ziemlich viel Zeit mit Suchen vertrö-delt, weil ich ihre Werkstatt nicht gleich gefunden habe. Die liegt nämlich etwas versteckt in einem Bungalow unter Bäumen zwischen der Fischkonservenfabrik und dem Park. Als ich dann auf dem Grundstück war, habe ich mit einem Stock in der Mülltonne herumgestochert, um zu sehen, ob da vielleicht was Verdächtiges drin ist. Aber das war mir einfach zu eklig. Deshalb bin ich auf dem Grundstück umhergeschlichen, bis mir in einer Ecke am Zaun der große Komposthaufen aufgefallen ist. Da lagen Algenabfälle. Also habe ich wieder den Stock genommen. Und was soll ich euch sagen? Nachdem ich ein bisschen herumgewühlt habe, habe ich die Reste von Schneealgen gefunden. Volltreffer! Die konnte sie nur von der Farm haben. Mein Herz schlug so laut, dass ich Angst hatte, Amanda könnte es drinnen hören. Gerade als ich beschlossen hatte abzuhauen, tippte mir jemand auf die Schulter.

Es war Amanda, die eine Kaffeetasse in der Hand hatte und mich fragte, was ich hier mache.

Ich: »Von unserer Farm wurden Algen gestohlen, in denen seltene Albino-Seepferdchen geschützt leben. Und bisher wussten wir nicht, wer es war. Jetzt habe ich herausgefunden, dass du es warst. Hier liegt der Beweis!«

Ich drehte mich zum Komposthaufen und zeigte mit dem Stock auf die Schneealgen.

Amanda: »Gestohlen?« Sie starrte mich an, als hätte sie der Blitz getroffen. »Ich habe sie doch nicht gestohlen. Mein Papa hat mir vor ein paar Tagen einige Algenbüschel in meine Werkstatt gebracht. Aber keine Spur von Seepferdchen.«

Ich: »Und wer ist dein Papa?«

Amanda: »Na, Käpt'n Frieso.«

Ich: »Was? Käpt'n Frieso? Aber das heißt ja, dass Käpt'n Frieso der Algendieb ist. Ich flippe aus! Ich zerreiße ihn in der

HAUPTVERDÄCHTIGER
1 :

Luft, wenn ich ihn sehe! Die ganze Zeit hat er so getan, als wäre er unser Freund, und hinter unserem Rücken hat er uns beklaut und meine Seepferdchen in Gefahr gebracht. Ich hab es gewusst. Ich habe immer gewusst, dass man ihm nicht trauen kann!«

Bevor Amanda noch was sagen konnte, bin ich losgerannt. Okay, Leute, jetzt wisst ihr es! Ich muss weiter, um den anderen Bescheid zu sagen.

Als ich auf der Yachtwurst ankam, saßen die Gartenhelfer um den Tisch herum und haben Mittag gesessen.
Natürlich haben sie mich sofort gefragt, wo ich war.
Brühwarm habe ich Bas, Bolle, Cheesy und Oma die Neuigkeiten über den Algendieb erzählt.

Bas: »Das ist jetzt nicht wahr, oder? Das hast du dir
nur ausgedacht, Rebella. Der Käpt'n ist
kein Dieb. Das glaube ich dir einfach nicht.«

Ich: »Aber Amanda, seine Tochter, hat es gesagt. Frag
sie, wenn du mir nicht glaubst. Er ist ein Dieb. Daran
gibt es nichts zu rütteln.«

Bas: »Ich glaube dir trotzdem kein Wort.« Dann ist er
rausgerannt.

Oma: »Stopp, Rebella! Lass uns niemanden verurtei-

len, bevor er etwas dazu sagen konnte. Ich glaube auch nicht, dass Käpt'n Frieso ein bösartiger Dieb ist.«

Bolle: »Krass. Das hätte ich im Leben nicht gedacht. Ich weiß gar nicht, was ich sagen soll.«

Cheesy: »Wie traurig. Ich dachte immer, er ist unser Freund.«

Oma: »Jemand ist so lange unschuldig, bis seine Schuld bewiesen ist oder er sie zugegeben hat. Ich möchte ihn fragen und die Gründe erfahren. Der Käpt'n ist kein schlechter Mensch. Sonst hätte er mir nicht schon unzählige Male bei der Rettung von Meerestieren geholfen.«

Bas stand nun wieder in der Kombüsentür. »Genauso ist es. Der Käpt'n hat schon so viele Meerestiere wieder in die Freiheit gebracht. Warum sollte er plötzlich etwas tun, was ihnen schadet? Ich glaube es erst, wenn er mir höchstpersönlich ins Gesicht gesagt hat, dass er die Algen gestohlen hat.«

Oma: »Wollen wir jetzt zu ihm gehen? Es ist höchste Zeit, dass wir ihn dazu befragen. Ich bin ziemlich sicher, dass es dafür eine gute Erklärung gibt.«

20:30 Uhr

Am Nachmittag, kurz vor vier Uhr, waren wir am Liegeplatz der Knutschkugel. Käpt'n Frieso hatte eine Brille auf und war gerade damit beschäftigt, das große Bullauge zu putzen. Zuerst hat er sich gefreut, als er uns gesehen hat. Doch dann hat er unsere Gesichter bemerkt und gefragt: «Ist was passiert?»

Bas: »Rebella behauptet, dass du Algen von unserer Farm gestohlen und die Seepferdchen gefährdet hast. Sag, dass das nicht stimmt.«

Bas war ganz doll aufgeregt. Seine Stimme hat gezittert.

Käpt'n Frieso: »Ich habe nicht geklaut. Das würde mir im Traum nicht einfallen. Das kannst du mir glauben. Aber, warte mal … Ich kann nicht leugnen, dass ich einmal ein paar Büschel aus dem Pfefferalgenbeet geerntet und mitgenommen habe. Das war an dem Tag, als ich bei Rebella Meeresspaghetti für das Meerestierkrankenhaus geholt habe.«

Bas ließ den Kopf hängen. »Also warst du es doch.«

Käpt'n Frieso: »Das war doch kein Diebstahl.«

Bas schaute den Käpt'n böse an. »Man darf nicht einfach nehmen, was einem nicht gehört. Tu nicht so, als ob du das nicht ganz genau wüsstest.«

Bas schaute kurz zu mir rüber. Dann wieder zum Käpt'n.

»Zwischen den Pfefferalgen wachsen die weißen Schneealgen, wo sich die Seepferdchen verstecken. Und du hast sie in Gefahr gebracht.«

Ich glaube, nicht nur ich habe die

Tränen in Bas' Augen glitzern gesehen. Käpt'n Frieso sagte nämlich ganz leise: »Auweia. Ich habe mir nichts dabei gedacht, weil es doch eine Farm ist und Oma Lilo auch immer Algen geerntet hat. Rebella und ich haben kurz zuvor noch gemeinsam Meeresspaghetti abgeschnitten. Ich wäre gar nicht auf den Gedanken gekommen, dass es falsch sein könnte, wenn ich mir Algen von einem anderen Beet nehme. Ich habe sie meiner Tochter Amanda mitgebracht, damit sie herausfindet, ob sich wertvolle Heilstoffe für Wunden darin befinden. Amanda ist immer auf der Suche nach neuen Wirkstoffen. Aber du hast recht. Ich hätte fragen müssen. Ich habe mich falsch verhalten. Aber von Schneealgen oder seltenen Seepferdchen hatte ich keine Ahnung. Ich schwöre!«

Ich stemmte die Hände in die Hüften.

Ich: »Jeder in Wellenstadt weiß von den Seepferdchen aus dem Zeitungsartikel.«

Käpt'n Frieso: »Welcher Zeitungsartikel?«

Ich: »Hat dir Bas denn nichts davon erzählt?«

Daraufhin hat mich Bas angeschaut und den Kopf geschüttelt.

Bas: »Ich wusste, dass du es lieber geheim halten wolltest. Und weil du meine Freundin bist, habe ich mit niemanden darüber gesprochen.«

Das hat mich total gefreut. »Danke schön.« Ich wäre am liebsten zu ihm gegangen. Aber ich konnte sehen, dass er mit dem Käpt'n noch nicht fertig war. Er hat sich nämlich ganz dicht vor ihn hingestellt.

Bas: »Rebella hat die letzten Tage in ständiger Angst um die Seepferdchen gelebt und sie rund um die Uhr bewacht und beschützt.«

Da hat mich der Käpt'n mit großen Augen angesehen. »Rebella, es tut mir sehr, sehr leid. Bitte entschuldige. Ich habe Mist gebaut, ich hätte fragen müssen und nicht einfach nehmen dürfen. Nimmst du meine Entschuldigung an?«

Das ging mir wirklich ein bisschen zu schnell. Schließlich habe ich meine Prinzipien.

Ich: »Das muss ich mir erst mal gründlich überlegen.

Aber ich bin erleichtert, dass ich weiß, wer es war und dass du das nicht wieder machst.«

Käpt'n Frieso: »Nein, natürlich mache ich das nicht wieder. Ehrenwort!«

Oma: »Käpt'n, könntest du uns bitte helfen, eine neue Heimat für die Seepferdchen zu finden, wo sie es gut haben und sicher sind? Kennst du eine schöne Stelle auf dem Meeresgrund? Ich glaube, wir alle haben nun verstanden, dass die Farm kein sicherer Ort ist.«

Käpt'n Frieso: »Na, klar. Ich helfe gern, wo ich kann. Schließlich habe ich was gutzumachen. Spontan fällt mir das Schneealgenfeld ein, das wir auf unserer Ausfahrt entdeckt haben.«

Ich: »Welches Schneealgenfeld?«

Käpt'n Frieso: »Im Naturschutzgebiet, kurz nachdem wir den Mondfisch freigelassen hatten. Wisst ihr noch?«

Bolle: »Ja, ich erinnere mich. Dort würden sich die Seepferdchen pudelwohl fühlen.«

Cheesy: »Das war ganz schön weit weg.«

Bas: »Das ist doch gut. Dann sind sie wenigstens sicher.«

Oma: »Sind alle damit einverstanden?

»Jaaaaa!«, haben alle Gartenhelfer gebrüllt, und ich auch (leise), aber ehrlich gesagt tue ich mich sehr schwer mit dem Gedanken, meine Seepferdchen irgendwo hinzubringen. Auch wenn ich einsehe, dass es das Beste für sie ist. ☹

Sonntag, den 3. SEPTEMBER

8:04 Uhr

Was für ein Gewurle! Alle sind auf die Yachtwurst gekommen: Bolle, Bas, Cheesy, Amanda, Käpt'n Frieso und
sogar Farid, der Krakenpfleger (Käpt'n Frieso hat ihn
mitgebracht). Mit Oma und mir sind das ziemlich viele
Leute auf dem Kutter. Jeder drängt am anderen vorbei.
Ich trinke noch kurz meinen Kakao aus.

8:42 Uhr

Wir haben alle Hände voll zu tun, denn wir bereiten den
Umzug der Seepferdchen vor. Ich bin traurig. Während
Käpt'n Frieso und Bolle die Knutschkugel für die Tauch-
fahrt ins Naturschutzgebiet klarmachen, sind Farid,
Cheesy und Bas bereits im Wasser und verfrachten die
Seepferdchen mit kleinen Keschern sanft
in Boxen. Oma und Amanda nehmen die
Boxen auf dem Steg entgegen und tragen

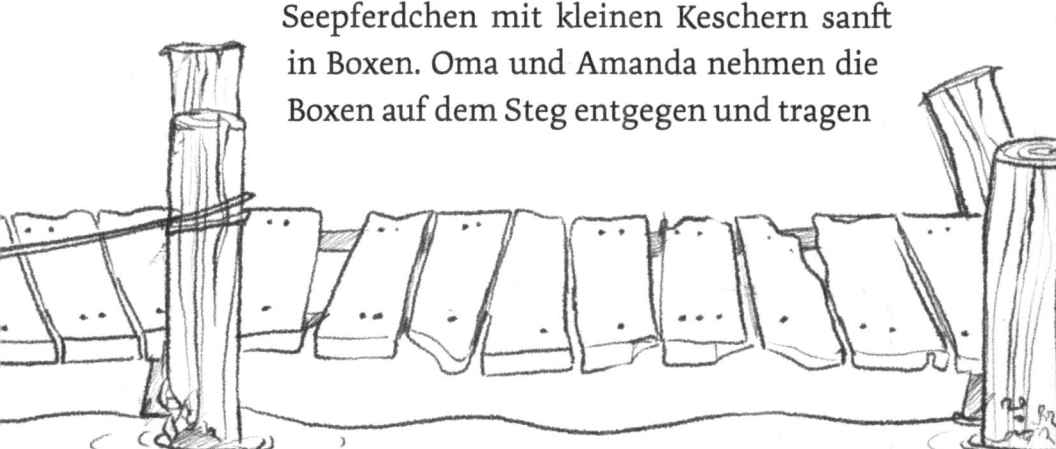

sie vorsichtig zur Knutschkugel. Ich geh ihnen jetzt helfen (irgendwie total ungern).

9:56 Uhr

Da die Knutschkugel zu klein für alle ist, müssen Amanda
und Krakenpfleger Farid in Wellenstadt bleiben. Abtauchen ist ein echter Gänsehautmoment. Man verlässt die
Gegend, die man kennt, und gluck, gluck, gluck findet
man sich plötzlich in einer Welt voller Geheimnisse
wieder. Die Jungs flüstern über Schiffswracks
und versunkene Schätze und ob sie so ein
Geheimnis für sich behalten würden. Ich
schaue zum Bullauge raus. Wir glei-
ten durch einen Quallenschwarm.
Fische huschen eilig hin und
her. Die Farben

sooooo VIELE SCHNEEALGEN!

wechseln von Hell- nach Dunkelblau. Und ich höre das leise Brummen der Motoren. Niemand traut sich, laut zu sein, weil die Welt hier unten leise ist. Niemand will die Ruhe stören. Ist schon spannend, das Meer.

12:12 Uhr

Die Uhrzeit ist eine Glückszahl, ich hoffe, das hilft den Seepferdchen. Käpt'n Frieso hat sich nach dem Einpark-Unfall eine Brille zugelegt und sieht jetzt scharf und klar wie ein Luchs. Gerade lenkt er die Knutschkugel mitten über das Schneealgenfeld des Naturschutzgebietes. Der Moment der Umsiedlung ist gekommen. Ich könnte heulen.

12:26 Uhr

Die Seepferdchen aus den Boxen zu lassen ist gar nicht so leicht. In einem U-Boot kann man nämlich nicht einfach die Tür aufmachen und die Seepferdchen freilassen, sonst kommt Wasser rein. Darum haben wir sie zuerst in die Schleusenkammer gesetzt.

Von dort konnte sie der Käpt'n per Knopfdruck ins Meer lassen. Wir haben zugeschaut, wie sie sich in den Schneealgen versteckt haben. Cheesy hat darum gebeten, dass wir noch bleiben und sie ein bisschen beobachten können.

12:58 Uhr

Gleich wird es Zeit für den Abschied. Bei mir fließen jetzt schon die Tränen, als hätte jemand meinen inneren Wasserhahn aufgedreht. Ich kann nichts dagegen tun. Cheesy sitzt neben mir und streichelt meinen Arm, während ich das hier schreibe. Meine Kehle ist wie zugeschnürt. Ich kriege keinen Ton raus. Die Seepferdchen hierzulassen, ist das Traurigste, was ich je in meinem Leben gemacht habe. Bolle legt seine Hand auf meine Schulter. Ich weiß, dass sie hier im Naturschutzgebiet besser aufgehoben sind als auf der Algenfarm, zumal Oma an eine neue Besitzerin denkt. Bas versucht, mich zu trösten. Aber ich höre seine Worte nicht. Ich glaube, er hat gesagt, dass die anderen Gartenhelfer genauso traurig sind wie ich. Geht das überhaupt? Mich von unseren Schützlingen trennen zu müssen bricht mir das Herz. Danke, liebe Seepferdchen, dass ihr mir in die Quere geschwommen seid. Hundertpro werde ich euch nie vergessen. Versprochen! Niemals! Dieses Tagebuch wird mich immer an euch erinnern.

Montag, den 4. SEPTEMBER

14:04 Uhr

Heute Morgen gegen zehn Uhr hat mich der Käpt'n abgeholt. Er wollte mit mir sprechen, und zwar nur mit mir. Darum haben wir einen langen Spaziergang am Strand gemacht.

Käpt'n Frieso: »Ich würde sehr gerne dein Freund sein, Rebella.«

Ich: »Das glaube ich dir sofort.«

Käpt'n Frieso: »Gibt es denn eine Möglichkeit, wie wir das hinkriegen?«

Ich habe ihn ernst angeschaut. »Mein Freund zu sein bedeutet, dass ich dir vertrauen kann. Und dass ich es kann, habe ich gestern gemerkt, als du die Seepferdchen sicher ins Naturschutzgebiet gebracht hast. Das fand ich große Klasse. Damit bist du einer von uns, ein Retter der Seepferdchen.«

Käpt'n Frieso: »Heißt das, du kannst mir den Algenklau verzeihen?«

Ich: »Ich denke, ich kann ein Auge zudrücken, Käpt'n, weil du es nicht mit Absicht gemacht hast. Außerdem kann man nie genug Freunde haben.« Daraufhin hat

der Käpt'n vor mir salutiert. WOW! Ich war echt beeindruckt.

16:22 Uhr

Wir wollen uns alle mit einem gemalten Seepferdchen-
Mehndi schmücken, um die Seepferdchen zu ehren.

Dienstag, den 5. SEPTEMBER

13:33 Uhr

Die ganzen Ferien über haben wir beim Mittagessen oft gelacht, entweder weil Bas **verrückt** nach Essen mit Algen ist oder weil ich es überhaupt nicht bin, weil Bolle immer alles »interessant« findet oder Cheesy alles für »verwertbar« hält. Heute war es nicht so. Heute ging es ernst zu. Weil Amanda da ist. Und weil sie an dem Vorhaben festhält, die Algenfarm zu übernehmen.

Oma: »Wie denkt ihr darüber, liebe Gartenhelfer?«

Ich: »Oma, das ist keine Kleinigkeit, sondern eine hammer-ernste Sache. Die Farm muss nicht nur in gute Hände kommen, sondern in die besten.«

Darum habe ich alle Gartenhelfer in meine Kajüte gebeten, damit wir uns besprechen können.

Cheesy: »Ich finde Amanda echt nett. Ich bin sicher, dass sie die Algen vollständig **verwertet**.«

Bolle: »Hört sich **interessant** an, was sie alles aus ihnen machen kann. Auch wenn ich keine Ahnung habe, wie sie das anstellen will.«

Bas: »Wir können sie doch einfach in ihrer Werkstatt besuchen und schauen, wofür sie sie braucht.«

Ich: »Allerdings ist die große Frage, ob sie sich wirklich mit einer Algenfarm auskennt. Ich finde, sie muss eine Prüfung machen, und wir stellen die Fragen.«

Bolle: »Damit würden wir auf Nummer sicher gehen, dass sie die Richtige für unsere Farm ist.«

Cheesy: »Die arme Amanda. Ich glaube, dass sie sich auch ohne Prüfung bestens um die Farm kümmert. Aber es ist trotzdem okay für mich, dass wir auf Nummer sicher gehen.«

Bas: »Lasst uns zurück in die Kombüse gehen und sagen, was wir beschlossen haben.«

18:35 Uhr

Heute Nachmittag haben wir Amanda besucht. In ihrer Werkstatt hat sie uns gezeigt, worin Algenwirkstoffe enthalten sind: Zahnpasta, Gesichtscremes und Salben gegen alles Mögliche, auch Verbrennungen. Amandas Bioprodukte werden schonend hergestellt. Sie fertigt nur kleine Stückzahlen an, und alles ist frisch. Man kann ihre Sachen in den Läden der Umgebung kaufen. Insgesamt finden wir Gartenhelfer das alles so lala. Kurz gesagt: Vom Hocker haben uns Zahnpasta und Creme nicht unbedingt gehauen. Oma ist dafür richtig AUS-GEFLIPPT bei den Verbandsstoffen, die in Algensud getränkt sind und bei schlecht heilenden Wunden helfen. Oma schwärmt, wie gut sie die bei ihren Patienten im Meerstierkrankenhaus einsetzen kann.

Irgendwann hat Amanda dann die entscheidende Frage gestellt: »Wie denkt ihr nun über mich und die Farm?«

Ich: »Ob du die Richtige bist, testen wir morgen Früh. Wenn du unsere Fragen beantworten kannst, dann gehörst du zu dieser Farm, wenn nicht, muss Oma weitersuchen.«

MITTWOCH, den 6. September

11:31 Uhr

Um Punkt neun Uhr saß uns Amanda in der Kombüse gegenüber und musste auf unsere Fragen antworten.

Cheesy: »Welche Farbe haben Albino-Seepferdchen?«

Bolle: »Welche Algenart wird auch als Meeresspaghetti bezeichnet?«

Bas: »An welchem Wochentag erntet man die Algen für den Markt?«

Ich: »Was lebt auf den Holzpfeilern des klapprigen Holzsteges?«

Amanda konnte alle Fragen beantworten, nur meine nicht. Darum wäre sie streng genommen durchgefallen, hätte Oma nicht auf einer Wiederholungsfrage bestanden, die sie selbst gestellt hat.

Oma: »Welche Algen schmecken eher würzig als nach Pfeffer?«

Mensch, das war echt zu leicht. Das weiß doch nun wirklich jeder. Amanda hat sich riesig darüber gefreut, dass sie die Frage richtig beantwortet und die Algenfarmprüfung doch noch bestanden hat.

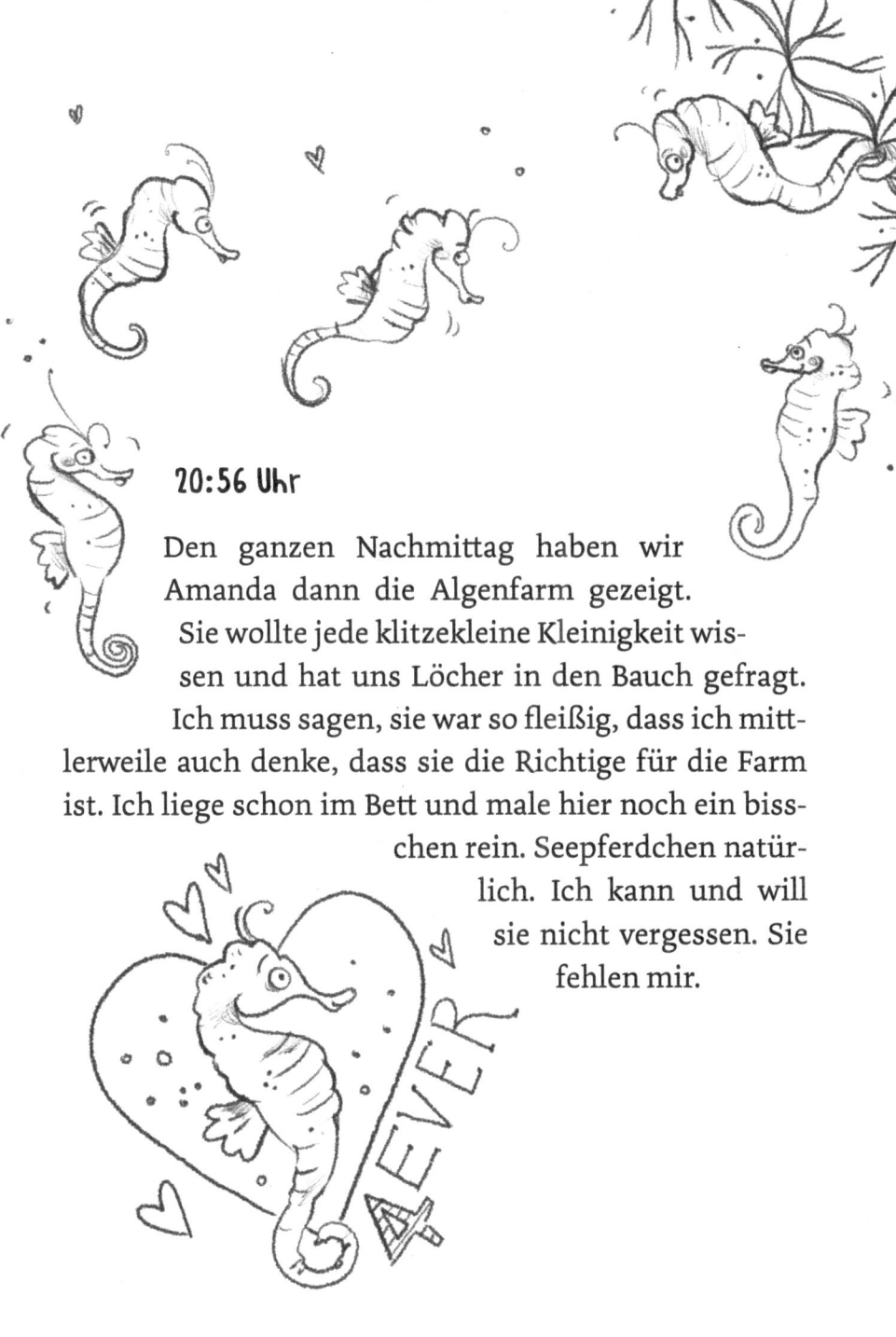

20:56 Uhr

Den ganzen Nachmittag haben wir Amanda dann die Algenfarm gezeigt.
Sie wollte jede klitzekleine Kleinigkeit wissen und hat uns Löcher in den Bauch gefragt.
Ich muss sagen, sie war so fleißig, dass ich mittlerweile auch denke, dass sie die Richtige für die Farm ist. Ich liege schon im Bett und male hier noch ein bisschen rein. Seepferdchen natürlich. Ich kann und will sie nicht vergessen. Sie fehlen mir.

4EVER

DONNERSTAG, den 7. SEPTEMBER

10:20 Uhr

Heute Morgen um kurz nach acht habe ich die Weidenkörbe für die Ernte auf dem Steg bereitgestellt. Da kam
Amanda und hat mit angefasst. Sie wollte helfen, weil
morgen Markttag ist (der letzte für mich ... Seufz).

Amanda: »Sag mal, Rebella, warum bist du eigentlich so skeptisch, was meine Übernahme der Algenfarm angeht?«

Ich: »Na ja, weil sie nun mal meiner Oma gehört. Kannst du das nicht verstehen?«

Amanda: »Sehr gut sogar. Aber deine Oma und ich verstehen uns gut, und ich übernehme gern die Arbeit, die sie nicht schafft.«

Ich: »Wo soll meine Oma denn wohnen, wenn die Farm dir gehört?«

Amanda: »Auf der Yachtwurst, wo sonst?«

Ich: »Wirklich? Und wo wirst du wohnen?«

Amanda: »Über meiner Werkstatt, wo ich jetzt auch wohne.«

Da ist mir ein riesengroßer Stein vom Herzen gefallen. Und das habe ich Amanda auch gesagt. Meine Oma gehört einfach nirgendwo anders hin als auf die Yachtwurst.

Und ratet mal, was Amanda geantwortet hat: Sie ist ganz meiner Meinung. Finde ich super!

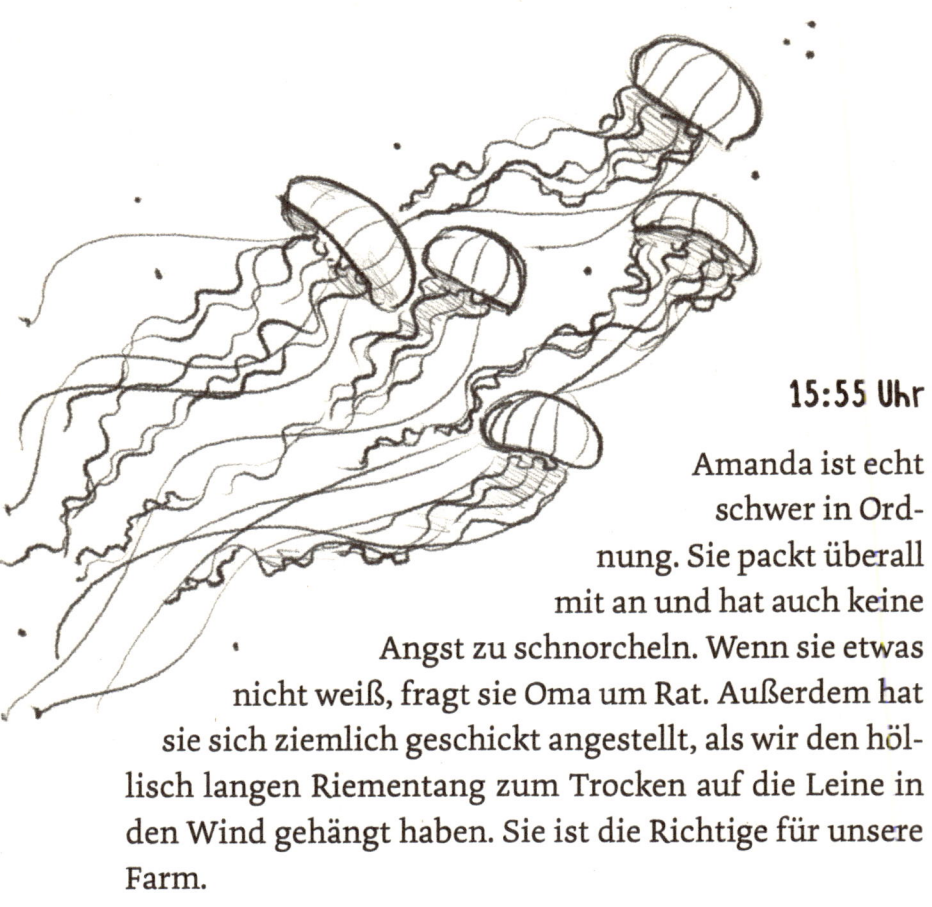

15:55 Uhr

Amanda ist echt
schwer in Ord-
nung. Sie packt überall
mit an und hat auch keine
Angst zu schnorcheln. Wenn sie etwas
nicht weiß, fragt sie Oma um Rat. Außerdem hat
sie sich ziemlich geschickt angestellt, als wir den höllisch langen Riementang zum Trocken auf die Leine in
den Wind gehängt haben. Sie ist die Richtige für unsere
Farm.

Freitag, den 8. September

11:04 Uhr

Wir waren wieder mal zu **spät** dran, um den besten Platz für unseren Stand auf dem Markt zu ergattern. Aber Bolle konnte wegen seines Fußes nicht so schnell laufen. **Ehrensache**, dass wir Rücksicht auf ihn genommen haben. Schließlich sind wir ein Team.

Cheesy erzählt jedem Kunden, dass wir nächste Woche auch getrocknete Algen anbieten, die sich gut als Vorrat für den Winter lagern lassen. Im Winter ist das Wasser der Nordsee drei Grad Celsius kalt. Niemand, absolut niemand, geht da ins Wasser, um frische Algen zu ernten. Ist doch klar.

Ich bin ein bisschen traurig, weil ich nicht dabei sein werde, wenn Amanda nächsten Freitag die getrockneten Algen verkaufen wird. Ein Glück, dass sie das macht. Denn nächsten Freitag gehen wir alle längst wieder zur Schule. Ob sie es schafft, gegen den Fischverkäufer anzuschreien, wenn ich weg bin? Ich muss das noch mit ihr üben.

Gegen fünf Uhr nachmittags haben mich Cheesy und Bas mit verbundenen Augen den klapprigen Holzsteg entlang zum Strand geführt. Dort haben sie mir das Tuch abgenommen. Es war alles für ein Grillfest vorbereitet. Die Sonne stand tief. Kein Wind bewegte die Luft. Der Strand war in orangefarbenes Licht getaucht, so, wie ich es am meisten mag. Bunte Tücher lagen im Sand, und Teelichter flackerten in Marmeladengläsern. Niemand musste mir sagen, dass das meine Abschiedsparty war. Meine Kehle schnürte sich zu, und ich brachte kein Wort heraus. Ich nahm mir ganz fest vor, nicht zu heulen.

Der Käpt'n stand am Grill und wendete Würstchen. Er hat diese Party für mich ausgerichtet.

Außer den Würstchen gab es auch noch Hamburger, Hähnchenbrust, Kräuterbaguette und Kartoffelsalat. Und nirgendwo waren Algen drin.

Amanda hat sich dann zu mir gesetzt. »Bist du ihm noch böse?«

Ich: »Nicht mehr doll.«

Amanda: »Könntest du ihm vielleicht verzeihen? Es tut ihm wirklich leid. Und letzten Endes haben mich diese Algenbüschel dazu gebracht, mich für die ganze Farm zu interessieren.«

Als ich nickte, strich mir Amanda über den Kopf.

»Heute gibt's alles ohne Algen!«, rief mir der Käpt'n vom Grill zu. »Ich dachte, du freust dich. Außerdem musst du dich langsam wieder daran gewöhnen, ohne sie auszukommen.«

Da schossen mir dann doch die Tränen in die Augen, und zwar ganz ohne meine Zustimmung. Oma hat mir eine Serviette in die Hand gedrückt, zum Schnäuzen.

Ich möchte nicht morgen schon nach München zurückfahren. Die Sommerferien waren viel zu kurz.

Cheesy hat mich am Arm gestreichelt. Als Bas seine Stirn gegen meine gedrückt hat, musste ich noch mehr heulen, so dass Bolle seine Arme um uns beide gelegt hat.

»Mist, ich werde euch ziemlich vermissen«, habe ich genuschelt.

Die Party war trotzdem toll. Nach dem Essen haben wir es noch mal mit dem Seepferdchentanz versucht. Aber ohne Musik hat das nicht so gut geklappt. Dafür hat Oma etwas später eine Rede gehalten, die richtig schön war. Sie hat uns Gartenhelfer gelobt und ganz oft danke gesagt und offiziell verkündet, dass Amanda ab sofort die Farm übernimmt. Wir haben alle geklatscht, und ich habe gehört, wie der Käpt'n Amanda seine Hilfe zugesichert hat.

SAMSTAG, den 9. September

11:35 Uhr

Heute ist der traurigste Ferientag meines Lebens. Bolle, Bas, Cheesy, Amanda, Käpt'n Frieso und Oma haben mich kurz vor acht Uhr nach Wellenstadt zum Bahnhof gebracht. Abschied zu nehmen fiel mir unendlich schwer. Ich hatte einen dicken Kloß im Hals. Auf dem Bahnsteig hat mir Cheesy noch eine Tüte Käsewürfel in die Hand gedrückt. Bas, der Spaßvogel, hat mir eine Flasche Nordsee-Salzwasser als Andenken mitgegeben. Damit ich nicht vergesse, wie das Meer schmeckt.

Als der Zug eingefahren ist, stieg ein ganzes Meer in meine Augen. Ist es Zufall, dass Tränen salzig schmecken? Jedenfalls konnte ich nichts dagegen machen. Die Tränen sind mir über Wange, Kinn und den Hals hinuntergelaufen.

»Du kommst doch nächstes Jahr wieder, oder?«, hat mich Oma gefragt. Ich habe genickt.

Den Schaffner habe ich auch gleich erkannt. Es ist die Pfeife,

die mich schon auf der Hinfahrt be-
gleitet hat.

Er hat meinen Rollkoffer genommen, während ich nacheinander meine Freunde umarmt habe.
Als ich vor Oma stand, habe ich
mich zusammengerissen. Denn
ich wollte, dass sie
verstand, was
ich ihr zu sagen
hatte.

»Oma, es war
so schön bei dir.
Danke für alles.
Ich würde so
gern noch ein
bisschen bleiben.«

Sie hat mich ganz lange gedrückt. »Du kommst einfach in den nächsten Ferien wieder zu mir.«

Dann haben wir uns noch mal umarmt.

»Gute Heimreise, liebe Rebella. Du wirst mir fehlen.
Wir bleiben in Kontakt, ja? Du schreibst mir, okay?«

Ich habe sie noch einmal so fest gedrückt, wie ich konnte. Klar schreibe
ich ihr. Oma und ich, wir sind so.

14:43 Uhr

Der Zug rast durch die Landschaft. Ich vermisse alle jetzt schon höllisch.

Vorhin hat sich die Pfeife ein Weilchen zu mir gesetzt und wollte wissen, wie es war. Aus mir sprudelte es heraus wie aus einem Schokoladenbrunnen. Als ich ihm erzählt habe, was ich in Wellenstadt erlebt habe, hat er gestaunt. Und dann – keine Ahnung wie das passieren konnte – ist mir echt was Nettes herausgerutscht.

Ich: »Auf der Hinfahrt haben Sie mir gesagt, dass ich an der kanalaK viel Spaß haben würde. Und ich muss Ihnen sagen: Sie hatten recht.«

Beim nächsten Rundgang hat er mir dann Pommes gebracht – mit einer extragroßen Portion Majo.

17:23 Uhr

Ich sitze im Auto. Mama und Paps haben mich vom Bahnhof abgeholt. Als Willkommensgeschenk hat Paps mein Handy mitgebracht. Supi! Sie haben das Display reparieren lassen. Nun funktioniert es wieder. Schade, dass Oma kein Handy hat, sonst würde ich sie jetzt sofort anrufen.

SONNTAG, DEN 10. SEPTEMBER

9:43 Uhr

In meinem Zimmer riecht es **herrlich** nach Meer, weil ich gestern Abend schon die Tüten mit den getrockneten Algen aus dem Koffer geholt habe. Schade, dass man Geruch nicht malen kann. Er erinnert mich an den Strand und die Wellen, an das Quietschen der Flossen, wenn ich sie angezogen habe, und an den Salzgeschmack auf meinen Lippen. Mein Handy klingelt. Unbekannte Nummer. Wer ist das denn?

10:39 Uhr

Als ich vorhin abgehoben habe, hat sich die Videofunktion eingeschaltet, und ich konnte Oma in die Nasenlöcher gucken, weil sie das Telefon so **komisch** gehalten hat.

»Rebella?«, hat sie hineingerufen und am Display gehorcht, so dass ich ihr Ohr sehen konnte.

»Oma, du musst in die Kamera oben rechts gucken.«

Sie hat mir heftig zugewinkt, als sie mich auf ihrem Display entdeckt hat. »Jetzt habe ich auch so ein Ding.«

189

Ich: »Wie kommt's?«

Oma: »Na, wegen dir. Ich muss doch mit meiner Enkelin chääättten. Außerdem wurde ich unter Druck gesetzt.«

Oma drehte die Kamera um, und ich sah Bolle, Bas, Cheesy und Käpt'n Frieso vor dem Bäckereifenster stehen, weil da der beste Empfang ist. Alle redeten durcheinander, weil jeder zuerst erzählen wollte. Bolle hielt seinen Fuß in die Kamera. Die Wunde ist fast verheilt, seit er sie mit Amandas Algenauflagen verbindet. Von hinten rief Käpt'n Frieso, dass er morgen mit der Knutschkugel ins Naturschutzgebiet fährt, um nach den **Albino-Seepferdchen** zu sehen. Schön, dass sie jetzt in Sicherheit leben. Dafür hat sich **alles** gelohnt.

Ich werde gleich mal in aller Ruhe meinen Computer anschalten und nachschauen, was sich beim Spiel *Schatz der Sterne* so getan hat. Ich bin überhaupt nicht mehr auf dem Laufenden. Aber wisst ihr was? Das macht gar nichts, denn um nichts in der Welt hätte ich es anders haben wollen.

Himmel, wie **aufregend** diese Ferien gewesen sind! Was habe ich doch für tolle neue Freunde. Und wie stolz ich bin, so eine Oma zu haben, die **beste** Oma der ganzen Welt! Ich bin wirklich total stolz auf sie. In den nächsten Sommerferien möchte ich sie auf jeden Fall wieder besuchen und schauen, was Amanda so auf der

Farm treibt. Ich werde mich dann in die Hängematte legen und das Meeresrauschen genießen. Denn das Meer ist groß und schön, voller Geheimnisse, aber auch so verletzlich. Es braucht Kinder wie uns, die es achten und schützen. Das große Herz hier unten ist für alle, die dabei mithelfen. Ich danke euch sehr!

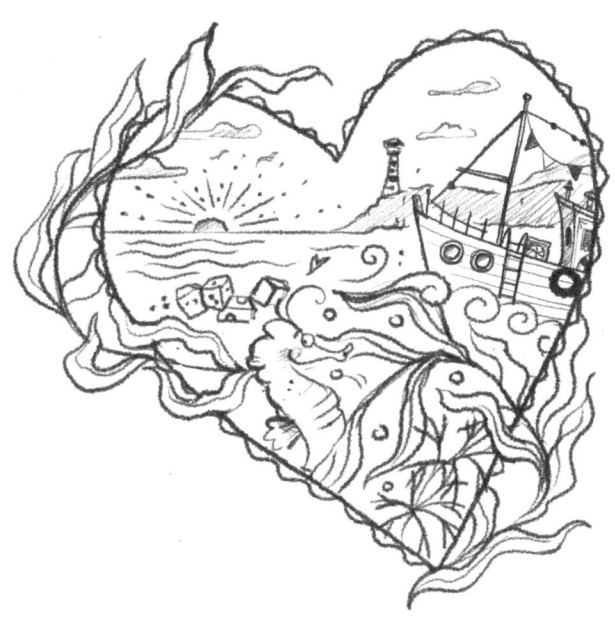

© Daniela Stich

Daniela Stich interessierte sich schon als Kind brennend für die Themen rund ums Meer. Am liebsten hätte sie im Meereskundemuseum Stralsund gewohnt. Doch ihre Eltern waren damit nicht einverstanden. Später tauchte sie ab, wurde Meeresbiologin und durfte an einigen Schiffsexpeditionen teilnehmen. Gestrandet ist sie schließlich im Schwarzwald, wo sie heute Geschichten schreibt. Die *Ahoi*-Reihe ist ihre erste Kinderbuchreihe.

Laura Rosendorfer lebt mit ihrem Mann und den beiden Töchtern in einem kleinen blauen Haus bei München. Nach einem Abstecher in die Amerikanische Literaturgeschichte studierte sie Kommunikationsdesign. Seit 2015 ist sie freie Illustratorin für verschiedene Unternehmen und Verlage. Wenn der Trubel zu groß und der Computerbildschirm zu hell wird, flüchtet sie nach draußen zu den Blumenbeeten. Da sitzt sie dann am liebsten mittendrin und zeichnet.

© Laura Rosendorfer

Steckbrief: Seepferdchen

Hai, Leute. Ich bin's noch mal, Rebella. Eine Sache hätte ich fast vergessen, aber die will euch nicht vorenthalten. Deswegen schreibe ich euch jetzt noch hier rein, was ich während meiner Ferien an der **kanalaK** alles über meine geliebten **Seepferdchen** erfahren habe:

Größe: 1,5 –35 cm

Alter: 1–5 Jahre

Aussehen: Seepferdchen können alle möglichen Farben haben – Gelb, Orange, Schwarz, Lila und viele mehr. Und vergesst nicht die weißen Albino-Seepferdchen! Manche Arten können sogar ihre Farbe wechseln.

Fortbewegung: Die kleinen Tierchen sind super langsam! Die meiste Zeit stehen sie gerade im Wasser. Manchmal halten sie sich an Algen fest und werden so durch das Wasser getragen.

Nahrung: hauptsächlich Plankton, kleine Krebse, Garnelen

Lebensraum: Ozeane. Falls ihr beim Tauchen irgendwo Algen seht, guckt doch einfach mal nach, ob ihr ein Seepferdchen entdeckt, das sich dazwischen versteckt!

Wusstet ihr das schon? Bei den Seepferdchen bekommen die Männchen die Babys! Die weiblichen Seepferdchen legen ihre Eier in die Bauchtasche der Männchen. Und die brüten die Kleinen dann aus. Wenn sie schlüpfen, öffnet das

194

Männchen seine Bauchtasche und lässt seinen Nachwuchs heraus!

Wie ihr jetzt wisst, können Seepferdchen unterschiedlich groß sein und ganz verschiedene Farben haben. Stellt euch doch mal ein Seepferdchen vor, das ihr besonders schön findet, und malt es hier rein! Ich bin schon gespannt, was ihr euch ausdenkt.

Rezept für Meeresspaghetti alla Rebella

Für 2 Portionen

Zutaten:
- 50 g Meeresspaghetti
- 1 kg frische Tomaten
- 1 große Zwiebel
- Distelöl
- Frische Kräuter: Oregano, Thymian, Basilikum
- 1 Prise Meersalz
- Pfeffer aus der Mühle
- 1 Prise Zucker
- Ein ordentlicher Schuss Sahne
- 1 Stück Parmesankäse

Und so machst du Meeresspaghetti für deine ganze Familie:

1. Zupfe zur Vorbereitung schon mal die Blätter von allen Kräuterstängeln. Die großen Blätter vom Basilikum kannst du einfach in kleine Stücke reißen. Nun nimmst du ein Küchenbrett und schneidest die gewaschenen Tomaten in kleine Würfel. Und jetzt wird es traurig, weil du die Zwiebel schälen musst. Während du sie ebenfalls in feine Würfel schneidest, können schon mal Tränen fließen. Hölle,

diese Zwiebeln! Aber ohne sie schmeckt die Soße nicht so gut. Pfeife einfach ein bisschen. Das soll helfen.

2. Gib 5 Esslöffel Distelöl in eine Pfanne. Du kannst aber auch ein anderes Öl verwenden. Guck mal bitte im Küchenschrank nach, welches da ist. Schalte die Herdplatte auf die mittlere Stufe. Wenn das Öl heiß genug ist, gibst du die Höllen-Zwiebelwürfel in die Pfanne und schiebst sie mit dem Holzlöffel hin und her, bis sie glasig werden. Danach haust du die Tomatenwürfel obendrauf und rührst und rührst. Irgendwann werden die Höllen-Zwiebel und die Tomaten zusammen cremig und sehen nach Soße aus. Das dauert etwa 20 Minuten.

3. Wenn die Soße seit etwa 5 Minuten köchelt, gibst du die Meeresspaghetti in eine große leere Schüssel. Die Schüssel muss richtig groß sein, weil die Algen ganz doll aufquellen. Gieße viel heißes Wasser aus dem Wasserkocher darauf. Die Algen müssen komplett mit Wasser bedeckt sein. Du lässt sie 15 Minuten einweichen, bis sie grünbräunlich sind und sich mega vergrößert haben. Danach lässt du die Algen im Sieb abtropfen, wie es Bas gemacht hat.

4. Jetzt kommt das Wichtigste: Du gibst die Sahne zur Soße dazu. Lass das Ganze kurz aufkochen, bis es blubbert.

Dann schalte den Herd aus und stelle die Pfanne mit der Soße zur Seite. Sahne in Tomatensoße schmeckt wirklich irre lecker. Danach wirfst du eine Prise Meersalz in die Soße und auch eine Prise Zucker. Halte die Pfeffermühle über die Pfanne und drehe dreimal, damit der Pfeffer rauspurzelt. Zum Schluss gibst du noch die Kräuter dazu. Die Soße rührst du gut um. Abschmecken nicht vergessen! Wenn noch Salz fehlt, füge welches hinzu.

5. Jetzt reibst du sorgfältig den Parmesankäse, wie es Cheesy machen würde. Den streust du über die Meeresspaghetti mit Tomatensoße, wenn sie auf dem Teller liegen. Fertig!

   Guten Appetit!

Werdet selbst zu Meeresschützern und Meeresschützerinnen!

Tipps und Ideen, wie wir Müll vermeiden können

Schluss mit dem Plastikwahn

Uns reicht's! Jede Minute landet eine LKW-Ladung **Plastik im Wasser**. Das muss sofort **aufhören!** Denn drei Viertel aller Tiere auf unserer Erde sind im Meer zu Hause. Wie würdet ihr euch fühlen, wenn man Unmengen an Verpackungsmüll in eure Kajüte kippen würde? Niemand scheint zu wissen, wie **super wichtig** das Meer für uns Menschen ist. Es liefert uns Sauerstoff, wertvolle Arzneistoffe und Lebensmittel. Wir müssen das Meer und dessen Bewohner unbedingt **schützen!** Und das kann jeder von uns, auch wenn er nicht an der Kanalak wohnt. Wir Kinder von der Yachtwurst haben uns überlegt, was wir gegen die **Meeresverschmutzung** tun wollen. Vielleicht habt ihr ja Lust, mitzumachen?

Rebella:

Waffel statt Becher

Eiskugeln aus der Eisdiele schmecken mir in der **Waffel** eh viel besser als aus einem **Becher mit Plastik-**

löffel. Wenn ich das Eis aufgegessen habe, kann ich noch die Waffel verdrücken. Das ist sehr lecker, weil unten in der Spitze noch ein bisschen flüssiges Eis ist. Hinterher bleibt null Komma nichts übrig. Und statt Papiertaschentücher (die in einer Plastikverpackung stecken) zu benutzen, um mir den Mund abzuwischen oder die Nase zu putzen, bin ich auf schöne bunte **Stofftaschentücher** umgestiegen, die man waschen und wiederverwenden kann.

Cheesy:

Im Bad ...

... kann man easy cheesy Plastik einsparen. Als ich den Badschrank aufgemacht habe, sind mir all diese vielen Plastikflaschen mit Duschgel, Shampoo und Spülung aufgefallen. Dabei können wir genauso gut **unverpackte Seifen** kaufen. Auch **Shampoos** gibt es mittlerweile in **fester Form!** Ich habe es an meinen langen Haaren ausprobiert, und es funktioniert. Mal davon abgesehen, dass schon die Verpackungen selbst wahre Plastikbomben sind, steckt in vielen Kosmetika wie Shampoo, Zahnpasta und Creme meistens auch noch jede Menge **Mikroplastik**, was sich hinter den Namen Polyethylen (PE) oder Acrylate (ACS) verbirgt (Schaut mal hinten auf das Etikett). Das Gefährliche an Mikroplastik ist, dass wir es nicht sehen können. Es gelangt über die Nahrungskette auch in unseren Körper.

Bolle:

Lebensmittel ohne Verpackungen

So richtig aufgefallen ist mir die große Menge an Verpackungsmüll erst, als Sprotte ihre Tomatensoße in der Kombüse der Yachtwurst gekocht hat. Mensch, das war vielleicht ein Haufen Müll. Seither kaufe ich lieber **unverpackte Lebensmittel**. Vielleicht gibt es in eurer Nähe ja auch einen Unverpacktladen? Schaut mal auf www.nabu.de, dort gibt es eine Liste mit Unverpacktläden. Übrigens plant Amanda, einen Unverpacktladen aufzumachen. Finde ich super. Ihr dabei zu helfen ist Ehrensache für mich.

Wisst ihr, worüber ich auch echt froh bin? Dass wir bei der Seepferdchenparty **kein Einweggeschirr** benutzt haben. Das macht nämlich auch jede Menge Müll. Und dann noch ein Tipp. Es gibt coole Leute, die fischen die umhertreibenden Geisternetze aus dem Meer und machen daraus **Einkaufsnetze** und andere schicke Sachen. Guckt doch mal auf www.bracenet.de.

Bas:

Wiederverwenden statt neu kaufen

Ich habe vier kleine Geschwister. Bei uns wird alles so lange wie möglich weiter benutzt, und wenn etwas kaputtgeht, nicht direkt weggeworfen, sondern möglichst **repariert**. Und wenn das nicht geht, kaufen wir oft **gebrauchte Sachen**. Auf **Plastikspielzeug** versuchen wir zu verzichten. Oft peppt Mama unsere Klamotten auf und näht bunte Ärmel oder Kragen an. Cool ist, wer anders ist! Die Haargummis meiner Schwestern sind aus den Bündchen kaputter Socken, die sie in Streifen geschnitten haben. Habt ihr auch gute **Upcycling-Ideen**?

Na ja, ich will ja mal Meeresschützer werden und zusammen mit Käpt'n Frieso in der Knutschkugel im Meer nach dem Rechten sehen. Wenn ihr das auch werden wollt, schaut mal auf die Internetseiten der Organisationen, die sich dafür einsetzen. Da gibt es viele spannende Informationen. Schon die Fotos zeigen, was los ist!

www.sea-shepherd.de
www.sharkproject.org
www.surfrider.org
www.oceancare.org/de
www.whales.org
www.oneearth-oneocean.com/ich-will-helfen/

Und jetzt du!

Meine Ferien an der kanalaK waren ja doch viel schöner,
als ich zuerst dachte. Wie sieht es eigentlich bei dir aus,
warst du schon mal am Meer? Was war denn dein
Lieblings-Urlaubserlebnis? Erzähl doch mal!

Testet euer Wissen!

Amanda musste erst mal einige Fragen richtig beantworten, um die Algenfarm übernehmen zu dürfen. Wie sieht es bei euch aus – möchtet ihr euer Wissen auch mal testen? Kennt ihr die Antworten?

1. Wer lenkt das U-Boot?
2. Was lassen die Geschwister von Bas am Strand steigen?
3. Wie heißt das Schiff, auf dem Rebella und ihre Oma wohnen?
4. Wo legt sich Rebella hinein, um sich schaukelnd auszuruhen?
5. Was zieht man beim Schnorcheln an den Füßen an?
6. Wie heißt Chandrani mit Spitznamen?
7. Welchem Fisch näht Oma Lilo die Flosse zusammen?
8. Was braucht Oma nicht, weil sie mit den Fingern isst?
9. Wo steckt man einen Schnorchel hinein?
10. Wo liegt die Yachtwurst vertäut?
11. Welche Tiere entdeckt Rebella zwischen den Pfefferalgen?
12. Wie nennt Rebella die weißen Algen?

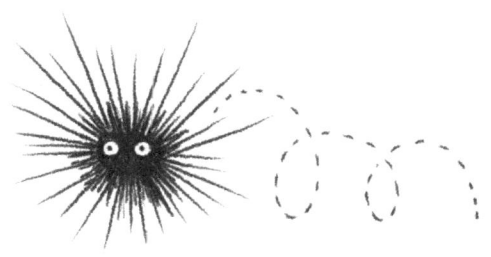

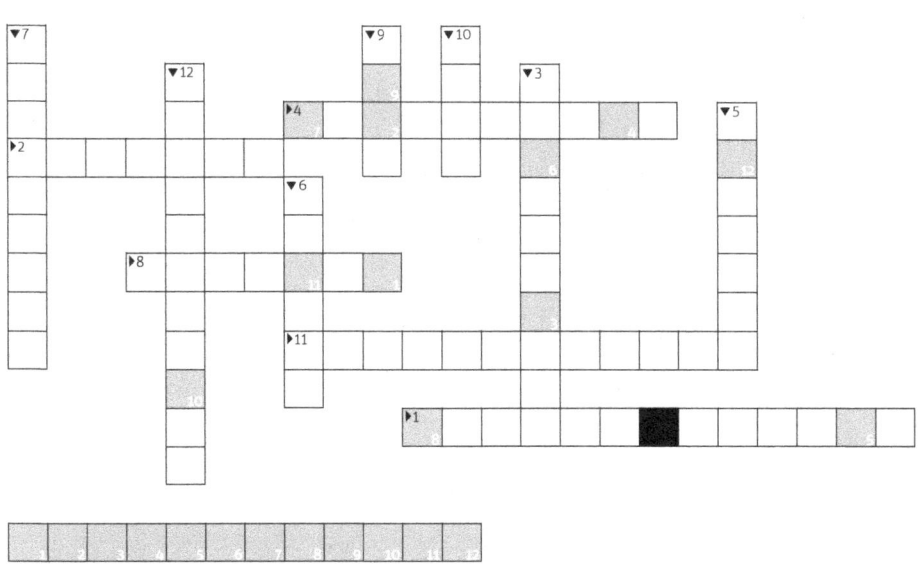

Buchstabensalat

Hilfe! Diese Buchstaben sind höllisch durcheinandergeraten, fast so schlimm wie verknoteter Riementang. Könnt ihr die Wörter trotzdem finden? Sie verstecken sich waagerecht, senkrecht und diagonal.

```
S  R  A  F  B  I  G  D  D  D  S  M  R  E  M  K
B  E  Y  K  A  V  Z  J  K  H  O  O  G  H  Z  Q
R  Q  E  I  B  X  Y  A  C  H  T  W  U  R  S  T
N  Q  U  P  R  Q  W  C  S  V  V  C  R  M  A  E
Z  K  B  F  F  U  U  L  I  J  I  O  S  T  E  G
F  R  R  E  O  E  Z  O  F  T  D  L  A  L  Y  T
S  J  V  I  L  L  R  A  I  N  R  A  C  V  G  T
C  M  C  F  P  L  D  D  S  C  K  A  Y  T  K  J
H  Q  J  E  B  E  Z  R  C  W  U  L  B  D  P  A
N  Q  J  Z  P  R  Q  O  H  H  N  G  E  L  U  D
O  E  A  X  S  D  N  H  B  J  E  E  D  L  L  Z
R  C  B  L  A  S  E  N  F  D  W  N  O  E  S  D
C  T  C  A  Y  B  B  E  Z  Z  S  I  U  N  D  A
H  D  O  H  C  Q  I  M  K  D  N  W  Z  F  Y  G
E  D  T  A  U  C  H  E  R  B  R  I  L  L  E  B
L  D  Y  B  X  B  W  D  K  H  H  J  U  G  E  P
S  O  Z  H  M  Z  X  V  E  X  L  E  G  L  Z  U
```

Falls ihr einen Tipp möchtet, dreht das Buch um und schaut hier nach, um welche Wörter es sich handelt. Die Lösung des ganzen Rätsels findet ihr auf der allerletzten Seite.

Seepferdchen, Drohne, Taucherbrille, Yachtwurst, Quetler, Fisch, Schnorchel, Cola, Algen, Pfeife, Blasen, Puls, Steg

Lösungen

Testet euer Wissen

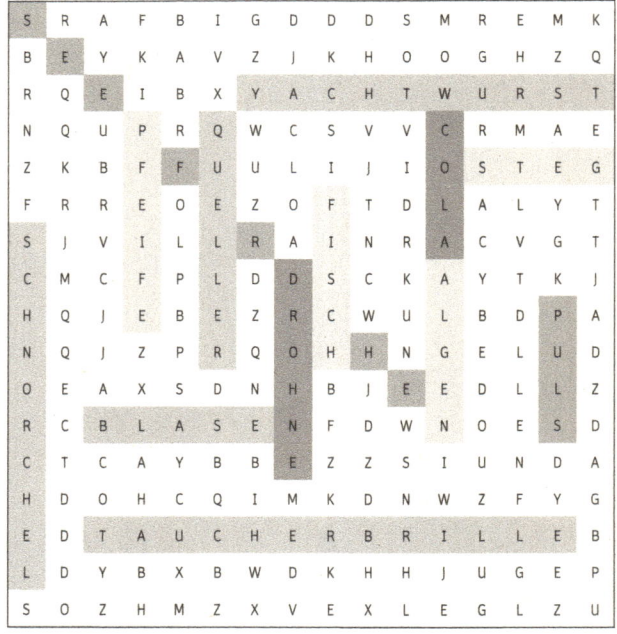

```
M           M   S
O         H Ä N G E M A T T E        F
D R A C H E N   U   G       Y        L
F         C     D   C       C        O
I         H         H       H        S
S   B E S T E C K   T       T        S
C         E         W       W        E
H         S E E P F E R D C H E N     
          Y         U       U
              K Ä P T ' N   F R I E S O
```

Vertical words: MONFISCH · SCHNEEALGEN · MUDD · STG · YCHTWUSS · CHEESY · FLOSSE

KNUTSCHKUGEL

Buchstabensalat

S	R	A	F	B	I	G	D	D	D	S	M	R	E	M	K
B	E	Y	K	A	V	Z	J	K	H	O	O	G	H	Z	Q
R	Q	E	I	B	X	Y	A	C	H	T	W	U	R	S	T
N	Q	U	P	R	Q	W	C	S	V	V	C	R	M	A	E
Z	K	B	F	F	U	U	L	I	J	I	O	S	T	E	G
F	R	R	E	O	E	Z	O	F	T	D	L	A	L	Y	T
S	J	V	I	L	L	R	A	I	N	R	A	C	V	G	T
C	M	C	F	P	L	D	D	S	C	K	A	Y	T	K	J
H	Q	J	E	B	E	Z	R	C	W	U	L	B	D	P	A
N	Q	J	Z	P	R	Q	O	H	H	N	G	E	L	U	D
O	E	A	X	S	D	N	H	B	J	E	E	D	L	L	Z
R	C	B	L	A	S	E	N	F	D	W	N	O	E	S	D
C	T	C	A	Y	B	B	E	Z	Z	S	I	U	N	D	A
H	D	O	H	C	Q	I	M	K	D	N	W	Z	F	Y	G
E	D	T	A	U	C	H	E	R	B	R	I	L	L	E	B
L	D	Y	B	X	B	W	D	K	H	H	J	U	G	E	P
S	O	Z	H	M	Z	X	V	E	X	L	E	G	L	Z	U